Appetizers for Learning Business Administration

INAMURA Katsuhiro
稲村雄大
［著］

もっと
学びたくなる
経営学

千倉書房

はじめに

私が「経営学」に最初に出会ったのは、もうずいぶん昔ですが、大学に入学し、経営学部の大学生になった時でした。その当時は、おそらく他の学生と同様、あまり深く考えずになんとなく選んで入った学部でしたが、将来会社を経営するというほのかな夢のようなものもあり、経営学に対するイメージは、「会社を経営する人、もしくはそれを目指す人が学ぶ学問」というものでした。

しかし、その後いろんな講義を履修して経営学を少しずつ学んでいくと、経営学は必ずしも経営者だけのものではないということも同時に学んでいきました。経営学の中にもさまざまな分野があり、ビジネスのいろんな側面がそれぞれの専門分野で議論され、研究されていることを知りました。そしてそれらの各分野の知識は、必ずしも経営者がすべて知らなければならないものではなく、会社の中でさまざまに役割分担された人たちが理解し、考えるべきものであることも学びました。

また、私たちの生活のほとんどはビジネスの仕組みによって提供されており、マーケティングの基本的な考え方を理解するだけでも、自身が利用している製品やサービスを新たな視点で見ることができるようになりました。さらには、リーダーシップ、チームワーク、モチベーションと言った組織論のトピックには、ビジネスの現場や会社の中だけでなく、日々の生活においてヒントになる考え方がたくさん含まれていました。

上記のように、私も最初は誤解していましたが、経営学は会社を経営する人や、それを目指す人だけが学ぶ学問ではありません。もちろん、経営学は経営者が会社を経営するうえでさまざまなヒントを得られる学問であることは間違いないのですが、その中には経営者一人では理解しきれないほど幅広い専門分野があり、仮にそれらを経営者がすべて理解できたところで、一人ですべての専門分野の役割を担うことはできません。経営学は、ビジネスに関わるさまざまな人々がそれぞれの立場や役割、興味に応じて自由に学び、実践すべき学問であり、またビジネスに直接関わっていない人であっても、生活の中で生かせるさまざまなヒントを得られる学問なのです。

本書は、ビジネスや経営になんとなく興味がある人、これから経営学を学んでみたい人、経営学ってそもそも何だろうと思っている人、働くうえで何かヒントになることを知りたいと思っている人、さらには、経営学なんてどうせ役に立たないだろうと思っている人も含めて、さまざまな人に気軽に手に取ってほしいと思って書いたものです。いろんな動機でビジネスや経営学に興味を持ってくれたみなさんに、経営学を身近に感じてもらい、もっと学んでみたいと思ってもらうことが、本書の目標です。

そのため、本書ではできるだけ難しい話はせずに、なるべく分かりやすく、ビジネスや経営学に関連するいろんなトピックを紹介していきます。それぞれについて基本的な考え方を中心に、みなさんにも一緒に考えてもらいながらゆっくり説明していきますので、どうか構えずにリラックスして読んでみてください。みなさんに、興味を持ってさらに深く学んでみようと思えるトピックを、１つでも２つでも見つけてもらえたら幸せです。

2021年5月

稲村雄大

もっと学びたくなる経営学

目次

第4章 組織のデザイン

第5章 リーダーシップ

第6章 モチベーション

第7章 戦略の基本と環境の分析

第8章 さまざまなレベルの戦略

第9章 グローバル化と企業の経営

第 1 章

経営って何？
経営学って何？

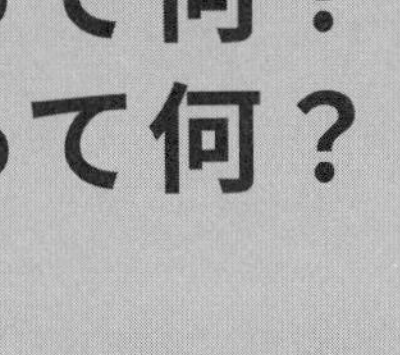

本章では、これから学んでいく内容の紹介も兼ねて、経営とは何か、経営学とは何かということについて、簡単にお話ししておきたいと思います。身近な「ハンバーガー」を事例にしながら説明していきますので、難しく考えずに、まずは気楽に読んでみてください。

1-1 ハンバーガーの作り方

早速ですが、ハンバーガーを作るためには、何が必要でしょうか？

まずは材料として、パンやお肉、レタス、トマト等が必要ですね。また、追加でチーズなんかがあると、より美味しいハンバーガーができるかもしれません。さらに、それらを調理するための包丁やフライパン、オーブンといった器具も必要になるでしょう。これらの材料や調理器具を用意し、切ったりこねたり焼いたりしながら調理することで、美味しいハンバーガーが完成します。

これらは、たとえば「インプット」と「アウトプット」という言葉で表現することもできます。つまり、食材や調理器具といった、ハンバーガーを作るために必要なものは「インプット」であり、それらを組み合わせて調理してできあがったハンバーガーが「アウトプット」ということになります。良い食材や使いやすい調理器具をインプットとして投入し、それらをうまく組み合わせて調理してあげれば、アウトプットとして美味しいハンバーガーができあがります。

ただし、単に自分が食べるためにハンバーガーを作るのであればこれだけで良いのですが、そうではなくて、「ビジネスとして」ハンバーガーを作る、たとえば「ハンバーガーを作って、それを商品として売りたい」となると、これだけでは足りません。他にもいろんなものが必要になりますし、いろんなことを考えなければならなくなります。

1-2 ハンバーガーを売るために

では、ハンバーガーでビジネス（例：ハンバーガー屋さん）をやるとしたら、他に何が必要で、どんなことを考えなければならないでしょうか？

まず、ハンバーガー屋さんをやるとなると、お店（店舗）が必要ですから、そのための場所を買ったり借りたりしなければいけませんね。さらに、そのお店で働いてもらうためのスタッフも必要になるでしょう。そして、食材や調理器具を用意したり、店舗の場所を借りたり、スタッフを雇ったりするためには、当然ながら、お金が必要です。他にも、たとえば「最近人気のハンバーガー」や「お店の周りに住んでいる人や働いている人（お客さんになりそうな人たち）の特徴」、「近くの競合店」についての知識や情報も、重要なインプットになります。

これらのさまざまなインプットを、経営学では「経営資源」と表現します。ハンバーガー屋さんに限らず、ビジネスではこれらの「ヒト」、「モノ」、「カネ」、「情報」といった経営資源を用意して、それらをうまく組み合わせながら、アウトプットである「製品／サービス」を作っていきます。

ただし、ハンバーガー屋さんの目的は、単にハンバーガーという製品を作るだけではないはずです。ただハンバーガーを作っただけでは、当然ながらビジネスにはなりませんから、できあがったハンバーガーを「お客さん（顧客）」に食べてもらう必要があります。そして、食べてもらうといっても、タダ（無料）というわけにはいきません。つまり、「価格（値段）」を設定する必要があります。

では、どうやって価格を決めれば良いでしょうか？　ハンバーガーの価格を設定する際には、何を考えなければならないでしょうか？

まず、当然ながら、そのハンバーガーを作るためにいくらかかったのか、つまり「費用（コスト）」を考える必要があります。たとえば、インプットとして必要な材料費や、スタッフに給料として支払う人件費等で、ハンバーガーを1つ作るために120円の費用がかかったとすれば、価格はその120円以上に設定しないと損をしてしまいます。また、商売をするうえでは、かかった費用だけでなく「お客さんのふところ事情」も考えてあげることが重要です。つまり、ハンバーガーを食べようと思ってくれる人たちが、いくらなら払ってくれそうなのかを考えなければいけません。さらに、その払ってくれそうな価格には、他のハンバーガー屋さんや牛丼屋さんといった「競争相手」の価格が大きく影響してきますので、それらを考慮する必要もあります。

1-3 ハンバーガーが売れたら

さて、それらをいろいろ考えて、仮にハンバーガーの価格を1つ170円に設定したとしましょう。うまくいって、お客さんがそのハンバーガー（製品／サービス）にお金を払って買ってくれると、それが「売上」になります。170円のハンバーガーが1つ売れたら、170円の売上です。そしてその売上から、そのハンバーガーを作って提供するためにかかった費用を引いたものが「利益」ということになります。たとえばハンバーガーを1つ作るのに120円の費用がかかっていたとしたら、170円の売上から120円の費用を引いた、残りの50円が利益（儲け）ですね。

売上（170円）－費用（120円）＝利益（50円）

ハンバーガー屋さんに限らず、ビジネスの最も重要な目的は、この「利益」を生み出すことです。また、この利益の50円というのは、単に儲かったお金というだけでなく、そのハンバーガー屋さんが生み出した「価値」と表現することもできます。つまり、もともとのインプットにかかった費用が120円だったものを、お客さんが170円という価格に納得して買ってくれたということは、お客さんはそのハンバーガー屋さんがやってくれたことに少なくとも50円の追加的な価値があると判断してくれたということです。

このようにビジネスにおいては、お客さんに少しでも多くの価値を提供して、喜んで買ってもらい、その結果として利益を得ることが重要です。そして、そのためにどうしたら良いのかということをさまざまな視点から考えていくのが、これからみなさんに本書で学んでもらう「経営学」です。

1-4 たくさん利益を出すためには

では、ビジネスにおいてたくさん利益を出すためには、どうしたら良いでしょうか？

よく、私が「大学で経営学を教えている」と言うと、企業の経営者やビジネスパーソンの方々から「だったら、どうしたら儲かるのか教えてくれ」と、ちょっと意地悪なことを言われることがあります。もちろん、そんな簡単に儲かる方法が分かるのなら苦労しませんし、知っていたら教えないで私自身がやっていますが、企業が儲ける（利益を出す）ためにやらなきゃいけないことは、意外と「単純」です（「簡単」ではありません）。

先に示したとおり、「利益」はアウトプットである「売上」からインプットである「費用」を引いたものですから、単純に、利益を増やすためには、アウトプットである売上を増やすか、インプットの費用を下げるか、そのどちらか、もしくは両方をやるしかありません。つまり、より少ないインプット（費用）でより多くのアウトプット（売上）を出せるように、企業はいろんな工夫をすれば良いということになります。

もちろん、そのための工夫をどうするかということが重要なのですが、それについて経営学ではいろんな視点から議論されています。たとえば、インプットにかかる費用を少なくするためには、材料をより安く安定的に「調達」する必要がありますね。安くて良い材料を、いつどこからどうやってどれくらい仕入れるのか、そもそも材料を他社から調達するのが良いのか、もしくは自社で作ってしまった方が良いのか、といったことについては、「サプライチェーン・マネジメント」等の分野で盛んに議論されています。また、同じように重要なインプットである「お金」についても、より安く安定的に調達することができれば、結果としてより多くの利益につながります。そのために、どこからどうやって資金を調達すべきかについて、「財務」という視点を中心に古くから議論されてきました。

さらに、インプットのうち最も重要と言っても良い「ヒト」については、「組織」や「人的資源管理」といった視点から、いかに優秀な人材を確保し、その人材にやる気を出して気持ち良く働いてもらい、結果としてより多くのアウトプットを出してもらうかということが議論されています。企業としては、同じ給与（人件費）を払うのであれば、より優秀な人に、よりやる気を出して働いてもらった方が良いですから、そのためにどんな仕組みを作り、どうやって仕事を管理し、どんな基準で評価していくかをしっかり考えなければいけません。

そして、それらのインプット（経営資源）を効率的にアウトプットに変換していくことも必要です。美味しいハンバーガーを作っても、100個作って20個失敗していては、せっかくのインプットが無駄になってしまいますから、できるだけ不良品が出ないように調理の方法や流れをしっかりと考えて管理する必要がありますね。また、効率的に大量に作っても、大量に売れ残ってしまっては元も子もないので、どのタイミングで何をどれだけ作るのかを考える必要もあります。こういった話については、「生産管理」という視点から非常に細かい議論がされ、さまざまな具体的方法が検討されてきました。

一方で、より多くのアウトプットを出すための議論にも、さまざまな視点があります。たとえば、どんなに効率的にハンバーガーを作っても、当然ながら美味しくなければ買ってもらえませんし、同じハンバーガーばかりでは飽きられてしまいます。したがって、少しでも美味しくできるように味を「研究」し、新しいハンバーガーもどんどん「開発」しなければいけません。また、「美味しい」という感覚は人によって違うでしょうから、どんなお客さんがどんな味を求めているのか、さまざまなお客さんの好みを「調査」する必要もあります。これらの問題については、「研究開発」や「マーケティング・リサーチ」といったトピックで議論されています。

そして、美味しいハンバーガーができたとしても、当然ながらそれを知ってもらえなければ食べに来てもらえませんから、その美味しさがちゃんと伝わって「食べたい！」と思ってもらえるような「広告」も考えなければいけません。そのような広告も含めたお客さんとの「コミュニケーション」については、SNSをはじめとしたさまざまな新しいメディアの誕生によって、最も活発な議論が行われている分野の1つとなっています。

さらには、価格設定のところでも少し触れたとおり、ビジネスには競争があります。儲かるビジネスであればあるほど、そのビジネスをやろうとする人がどんどん増えて、競争が激しくなっていきます。その競争の中で生き残って利益を出し続けるためには、しっかり「戦略」を立てて、何を武器にしてどのように戦っていくのかを考える必要があります。上に挙げてきた、より少ないインプットでより多くのアウトプットを出し、結果としてより多くの利益を得るためのさまざまな工夫は、このような大きな「戦略」をベースとして、それぞれバラバラにならないように調整され、「組織」的に実行されることが必要です。

1-5 本書の構成

上で紹介した経営学のさまざまな視点は、経営学の中で議論されていることのほんの一部です。この他にも、お金の側面からビジネスにおけるインプットとアウトプットを記録したり管理したり分析したりする「会計」の視点も、経営学における主要かつ重要なトピックですし、それぞれの視点の中で、ここには書ききれないくらい多くの具体的なトピックについて議論が展開されています。

残念ながらそれらのすべてを紹介することはできませんので、以下、本書では主に「組織」と「戦略」という2つの大きな視点から、経営学で議論されているさまざまなトピックを紹介していきます。「組織」の中では、組織の基本的なルールから、組織のデザイン、リーダーシップや個人のモチベーションといった、組織のさまざまなレベルにおける問題について議論したいと思います。また「戦略」の中でも、企業全体の大きな戦略、事業（ビジネス）単位の戦略、製品／サービス単位のマーケティング戦略といった、さまざまなレベルの戦略について紹介していきます。そして最後に、それらの組織や戦略をはじめとしたさまざまな専門分野における工夫に大きな影響を与えうる重要な変化の1つとして「グローバル化」に注目し、グローバル化とは何か、それが誰にどのような影響を及ぼすのか、企業はそれにどのように対応すべきなのかといったことについて、改めて整理しておきたいと思います。

それぞれのトピックを順番に読んでもらえれば分かりやすいと思いますが、興味を持てそうなところから読んでもらっても、もちろん構いません。1つでも2つでも、みなさんが「もっと学びたい」と思えるトピックを見つけてもらえたら嬉しいです。

第2章

会社の仕組み

第1章では、経営学とは何か、そこではどんなことが議論されるのか、ということについて簡単に説明しました。そしてそれらの議論を、これから「組織」や「戦略」という視点から具体的に学んでもらいますが、その前に本章では、経営学が主に分析や議論の対象とする「企業」もしくは「会社」について、その基本的な仕組みを説明しておきます。すでにどこかの会社に所属して働いている方にとっては、もしかすると当たり前の内容かもしれませんが、改めて自身が働いている会社がどんな仕組みでできているのかを確認するためにも、ぜひ読んでみてください。

では、そもそも「企業」と「会社」は何が違うのでしょうか？

「企業」とは、ビジネスを通じて利益を得ることを目的とした組織体を意味します。企業にはさまざまなものが含まれますが、それは必ずしも会社という形になっているとは限らず、個人経営の八百屋さんのような商店や、デザイナーなどのフリーでビジネスをしている個人事業主も企業に含まれます。一方で「会社」とは企業に含まれる形態の1つで、「会社法に基づいて設立された法人」を意味します。ちなみに法人とは、法律によって人間と同じようにその存在、および権利と義務が認められたものという意味です。つまり、会社は会社法という法律によってその存在を認められたものということになります。この会社には、株式会社、合名会社、合資会社、合同会社、さらに現在は新規の設立が認められていない有限会社といった、さまざまな形式があります。

それらさまざまな会社の形式についての詳しい説明は省きますが、現在はほとんどの企業が「株式会社」として活動しており、したがって以下ではその株式会社について、基本的な仕組みを説明していきます。その中で、会社はどうやって必要な資金を用意するのか、株とは何か、株主とは何か、取締役って何をする人なのかといった、会社に関する基本的な問いに対する答えを提示していきますので、あまり難しく考えずに気軽に読んでみてください。

2-1 どうやって必要な資金を用意する?

さて、株式会社はビジネスを通じて利益を得ることを目的とする企業の1つの形態だということはすでに説明しました。ビジネスを通じて利益を得るためには、第1章でも説明したとおり、「ヒト」、「モノ」、「カネ」、「情報」といった経営資源をインプットとして用意する必要があります。その中でも「カネ」は、材料を買うためにも、スタッフを雇うためにも、必要な情報を仕入れるためにも必要となる、重要なインプットです。残念ながら、お金がなければ他のインプットを用意することは困難ですから、会社としてはまず必要なお金を資金として用意する必要があります。

では、会社は必要な資金をどうやって用意すれば良いでしょうか?

ビジネスを行うために必要なお金を用意することを「資金調達」と言います。たとえば、みなさんが新たに会社を設立して何かビジネスを始めるとしたら、どのように必要な資金を調達しますか?

おそらく最初に思いつくのは、「自分の貯金を使う」という方法ではないでしょうか。自分で貯めてあったお金は、もちろんビジネスを行うための資金として使用することができます。会社の場合、すでに他のビジネスで稼いでいたとすれば、そこで得た利益を残しておいて使うことも可能です。しかし、そのように自分で貯めたお金だけでは、新たなビジネスを行うための資金として足りないということも考えられますね。では、その場合はどうすれば良いでしょうか？

自分で貯めてあったお金だけで足りない場合、必要なお金を用意するために、たとえば「借金をする」という方法もあるでしょう。あまりやらない方が良いと思いますが、親族や友人などの親しい人にお願いすれば、お金を貸してもらえるかもしれません。また、銀行に行って融資をお願いすることもできるでしょう。その場合、借りたお金に利子を付けて、一定の期間内に返すという約束をして、資金を融通してもらうことになります。ただし、銀行も貸したお金を返してもらえないと困りますから、信用できる人なのか、またちゃんとしたビジネスなのかを厳しく審査します。したがって、特に「儲かるかもしれないけれどリスクの大きいビジネス」には、そう簡単に融資してくれません。さて、どうしましょう。

じつは、自分で貯めてあったお金を使うのでもなく、借金をするのでもない、もう1つの資金調達方法があります。それが「出資してもらう」という方法です。出資とは、ビジネスによって得た利益の一部を分けてもらうという約束をして、資金を提供することです。利益の一部を分けるというのは、つまり、儲かったら分け前をあげるということですね。資金がほしい人は「今こんなビジネスを考えていて、すごく儲かると確信しているけれど、資金が足りないので出してほしい」とお願いし、お金を持っている人が「それはたしかに儲かりそう」と納得できたら、そのビジネスに必要な資金（の一部）を出してあげるということになります。

この「出資してもらう」という方法が「借金をする」という方法と大きく違うのは、出してもらったお金を「返さなくていい」ということです。借金は利益が出たかどうかにかかわらず、仮に赤字だったとしても、当然ながら期日が来たら利子を付けて返済しなければいけません。一方で、出資してもらう場合の約束は「利益が出たら」その一部を分ける（配当と言います）というものですので、利益が出なければ何も分けるものはありませんし、資金として出してもらったお金を返す必要もありません。

2-2 株って何？

前述のとおり、出資というのはビジネスによって得た利益の一部を分けてもらうという約束をして、資金を提供することです。そして、その約束を証明するものとして会社が出資者に渡すのが「株」です。したがって、ある会社の株を持っている人（株主）は、その会社に出資した人で、その会社がビジネスを行うことによって得た利益の一部をもらう（配当を受ける）権利を持っている人ということになります。また、株主はその会社の所有者ということになりますので、持っている株の割合によって、さまざまな形で経営に参加することもできます。

このように、株を発行して資金を調達し、それによってビジネスを行う会社が「株式会社」です。先に資金調達方法の1つとして「自分の貯金を使う」というものを挙げましたが、たとえばみなさんが自分の貯金を使って株式会社を設立する場合、みなさんはまずその会社に自分の貯金から出資をして、株主になります。そのうえで、みなさんはその会社の経営者として、株主から集めた資金を使ってビジネスを行うのです。つまり、その会社に出資をしたオーナー（所有者）であり、同時にその会社を経営する経営者となります。

2-3 所有と経営の分離

このように所有と経営が一致している、つまり会社の所有者（株主）と経営者が同じ人である場合、その状態を「オーナー経営」と表現したりします。その会社の経営者が、会社の運営に必要な資金をすべて、もしくはほとんど出資しているという状態です。経営者は他の株主に気を遣うこともなく、口出しされることもないので、比較的自由に経営できるということになりますね。

しかし、最初は自分の貯金だけで小さく始めたビジネスが、どんどん大きくなってさらに多くの資金が必要になった場合、「自分の貯金を使う」だけでは足りなくなってしまうかもしれません。足りない分の資金を新たに誰かに出資してもらって集めることを「増資」と言いますが、増資によって新たに株を発行し、その株を経営者以外の出資者に渡していくと、経営者が持っている株の割合が減っていきます。そのように経営者の持分が減っていくと、経営者以外に多くの所有者が存在することになり、経営者が会社のオーナーとして自由に経営することが難しくなっていきます。

これが「所有と経営の分離」です。経営者がその会社の株を持っておらず、お金を出している人（出資者）と、そのお金を使って会社を経営する人がまったく別の人になっている場合、所有と経営が完全に分離していることになります。多額の資金が必要な大企業では当然ながら株主の数も多く、一般的にこのような所有と経営の分離が進んでいます。株主は出資者としてお金を出し、経営者は株主に出してもらったお金を使ってビジネスを行い、そのビジネスから得た利益の一部を株主に還元するという形の役割分担ができているのです。

しかし、会社の所有者と経営者が分離してしまうと、困ったことも起こります。所有と経営が一致しているオーナー経営では、経営者は自分が出資したお金を使ってビジネスを進めますので、そのお金がなくなってしまわないように、またたくさん利益が出るように、しっかり努力するかもしれません。つまり、株主と経営者の利害が一致しています。一方で、所有と経営が分離している状態では、経営者が使うお金は自分が出資したものではなく、株主に出してもらったものです。したがって、たとえば利益が見込めないようなビジネスを自分の好みだけで始めてみたり、社長室をものすごく豪華にしてみたり、社用車として必要以上に高級な車を買ってみたりと、株主にとって必ずしも最適とは言えない（利益が最大化されない）ことをやってしまうかもしれません。このように、株主が出資した資金を経営者が無駄遣いしてしまうと、利益も出ず、したがって配当も得られません。それどころか、株主にとっては自分たちが出資した資金がなくなってしまう可能性だってあります。

2-4 株式会社のガバナンス

では、株主はそのような心配をどう解消すれば良いでしょうか？

経営者が無駄遣いをせず、ちゃんと利益を出すように努力しているかどうかを確認してもらうために、会社はさまざまな情報を株主に公開しなければなりません。また株主が特定の書類の公開を要求することもできます。しかし、そのような形式的な情報だけでは、事後的に結果の数字をチェックできても、日々の経営状況を確認し、経営者が間違った行動をしないよう監視することはできません。

そこで「株主の代理」として経営者を監視する役割を担うのが、「取締役会」です。特に日本では取締役というと「経営者」というイメージもあると思いますが、取締役は株主の代理として企業価値を高め、経営活動を監視する役割を担っています。したがって、たとえば経営者である社長が独断でビジネスを進めてしまい、それが株主にとって最適な行動ではないと他の取締役が判断した場合、他の取締役によって社長が解任されるということもあります。

図2-1　ソフトバンクグループ株式会社の組織図(一部)

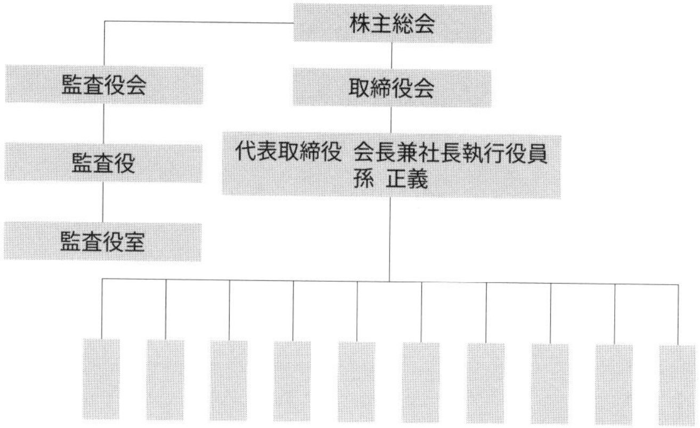

出典：ソフトバンクグループ株式会社ホームページ（https://group.softbank/about/profile）を参考に筆者作成（2021年6月13日）

株主は、自分たちの代理であるそれらの取締役を、「株主総会」で選任したり解任したりすることができます。株主総会とは、会社の所有者である株主によって構成される機関で、そこでは取締役の選任や解任も含めて、その会社の存続に関わるような重要事項が決定されます。

図2-1は「ソフトバンクグループ株式会社」の組織図の一部ですが、株主総会が組織図の一番上にあって、その下に取締役会があり、その下に代表取締役で経営トップの孫 正義会長兼社長が位置しています。もしかすると、会社の会長や社長というと会社で一番偉い人のようなイメージを持っている人も少なくないかもしれません。しかし、実際の株式会社においてはこのように、最高の意思決定機関が株主総会で、その下に株主の代理として経営活動を監視する取締役会、そしてその下に実際に経営活動を主導する会長や社長がいるという形になっています。ちなみに図2-1にもある「監査役会」とは、取締役会による経営活動の監視がちゃんと機能しているかどうか、また不正な活動が行われていないかを株主の代わりに

チェックする機関で、監査役も取締役と同様に株主総会で選任されます。

ちなみに、このような仕組みによって会社の経営が健全に行われるように統制・監視していくことを「コーポレート・ガバナンス（企業統治）」と言います。企業統治に関しても、経営学の中でさまざまな視点から議論されていますので、興味を持てた方はぜひ、さらに深く学んでみてください。

2-5 第2章のまとめ

本章では、会社の基本的な仕組みについて、その代表的な形である株式会社を取り上げて説明してきました。会社がどのように必要な資金を用意し、その資金が有効に使われるようにどうやって経営をコントロールしていくのか、その中で株主や取締役にはどんな役割があるのかといったことについて、なかなか馴染みのない話で難しいかもしれませんが、これから経営学を学んでいくための基本的な知識として、しっかり理解しておいてください。

演 習

1 下記の川崎重工業株式会社のケースについて、本章で学んだ「取締役」、「株主」、「株主総会」、「コーポレート・ガバナンス」といった言葉に注意し、内容を理解できるかどうか確認しながら読み解いてみてください。

ケース（川崎重工業株式会社）[1]：

川崎重工業株式会社は、オートバイ・航空機・鉄道車両・船舶などの輸送機器や、その他機械装置を製造する会社です。同社は2013年6月13日、臨時取締役会を開き、当時の長谷川社長ら3人の取締役を解任しました。その取締役会では、解任された3人を除くすべての取締役が解任に賛成したとのことです。なぜこのように経営トップである社長が解任されるという事態になってしまったのでしょうか。

解任された長谷川前社長の後任として社長に就いた村山常務取締役は記者会見で、「長谷川氏ら3人が、取締役会の決議を経ずに独断で三井造船株式会社との経営統合交渉を進めていた」、「三井造船株式会社との経営統合は企業価値の向上に結びつかないと判断した」と、長谷川前社長らが企業価値向上の見込めない経営統合を独断で進めていたことが解任の理由であると説明しました。

その後6月23日に開かれた株主総会では、解任された3人を除く10人の取締役を選任する議案を提出して、出席した株主に記者会見と同様の説明を行いました。しかし、なぜ経営統合が株主の価値向上に結びつかないと判断したのかという問いに対しては、明確かつ具体的な説明をできませんでした。

この社長解任劇は、おそらく株主価値の観点から経営活動が正しく監視され、コーポレート・ガバナンスが機能したという側面がある一方で、それよりも株主を置き去りにした会社内部の権力闘争の一環だったのではないかという指摘も多く、株式会社のコーポレート・ガバナンスについての議論を巻き起こした事例でした。

注

1）『日経ビジネス』2013年6月24日p.16「時事深層：株主置き去りの社長解任劇」、『日本経済新聞』2013年6月14日「川重、10対3で解任決定：総会前に異例の造反劇」を参照。

第3章

組織の基本

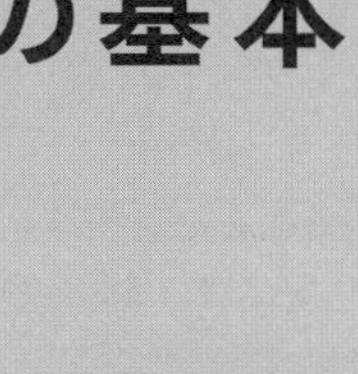

第2章では、企業や会社といった経営学における主な分析や議論の対象となる存在について、基本的な知識を確認しました。以下、第3章から第6章では、その企業や会社の「組織」に焦点を当てて、組織の基本的なルールから、組織のデザイン、リーダーシップや個人のモチベーションといった、組織のさまざまなレベルにおける問題について議論していきます。

本章では、まず、組織とは何かを確認したうえで、組織として複数の人間が協力して働く際の基本的なルールについて説明します。その後、第4章以降で、組織全体に関する大きな視点（マクロ組織論）から、組織の中で働く人に関する小さな視点（ミクロ組織論）へ説明を進めていきます。会社で働いた経験がない方は組織について少しイメージしにくいかもしれませんが、それでもこれまで部活動やクラブ、サークル、アルバイトでも、組織としてみんなで何かを達成するために協力するという経験は少なからずしていると思います。ぜひ、それらの経験を思い出しながら、組織についてさまざまな角度から考えてみてください。

3-1 組織とは

さて、企業はビジネスによって利益を獲得することを目的として、多くの場合、個人ではなく複数の人間が集まった「組織」として活動します。

では、そもそも「組織」とは何でしょうか？

組織とは、個人では達成不可能な目標を達成するために複数の人間が集合したものです。組織にはまず、それを構成する複数の人間に「①共通の目標」が必要です。共通の目標のない人間がただ集まっているだけの状態は、組織ではありません。また、集まっている複数の人間が、その目標を達成するために「②貢献する意欲」を持ち、互いに「③コミュニケーション」を取りながら協力することも重要です。集まった人間が互いに貢献する意欲がなく、コミュニケーションも取らずにバラバラに行動してしまっては、共通の目標は達成できません。これら3つの要素が存在することが、米国の経営学者、チェスター・バーナードが提唱した「組織が成立するための条件」です。

一方で、複数の人間が集まって共通の目標を達成するためにコミュニケーションを取りながら意欲的に協力すると言っても、ただ場当たり的にみんなで動いていては効率的に目標を達成できません。また人数が多いと混乱してしまって、うまく協力できないということにもなるでしょう。つまり、組織として複数の人間が協力して効率的に目標を達成するためには、守るべき基本的なルールが必要です。そしてその基本的なルールが、これから説明する「分業」と「調整」です。

3-2 組織の基本ルール①：分業

分業とは、その名前のとおり、業（仕事）を分けて別々の人が担当することです。役割分担と言ってもいいかもしれません。1つの大きな仕事を複数の部分に分けて、それを別々の人が担当し、それぞれの人が役割を果たします。

では、分業するとどんな良いことがあるのでしょうか？　なぜ分業しなければならないのでしょうか？

分業のメリットとして、おそらくすぐに思い浮かぶのは「効率化」かもしれません。たしかに「分業すると効率化できる」と言うと、なんとなくもっともらしく聞こえます。しかし、分業によって効率化できるというのはどういうことでしょうか？　なぜ分業すると効率化できるのでしょうか？

たとえば、ハンバーガー屋さんで「分業していない状況」を想像してみましょう。細かいことは抜きにして、ハンバーガー屋さんの大きな仕事は、来店したお客さんに接客し注文を受け、注文されたハンバーガーを作り、できあがったハンバーガーをお客さんに届けるというものです。それらの一連の仕事を分業せずに行うとすると、どうなるでしょうか。

まず、来店したお客さんに接客して注文を受けて、レジで会計を済ませます。その後、注文されたハンバーガーを作るために後ろの厨房へ向かい、ハンバーガーを作りますが、ここで問題が生じます。レジを打ってお金を触ったその手で、食材や調理器具を触ってはいけませんね。接客していた綺麗な服でハンバーガーを作ったら、ケチャップが付いて汚れてしまいますね。そうです。厨房でハンバーガーを作り始める前に、しっかり手を洗って、エプロンを着けて、調理器具も食材も準備しなければいけません。また、調理が終わってハンバーガーができたら、それをお客さんの所へ運ぶ前に、食材を片付けて、エプロンを取って、ケチャップが付いた手を洗わなければいけません。これを一人ひとりのお客さんに対して一人ひとりのスタッフがそれぞれやっていたら、もうごちゃごちゃして大変なことになりそうです。

このように、分業していない状況では、それぞれの作業の間で準備をしなければならず、そのための手間や時間が必要になります。この準備のことを「段取り替え」と言いますが、分業をして別々の人がそれぞれの作業を分担して行うことで、その手間と時間を節約できるのです。接客して注文を受ける人はずっとレジカウンターにいれば良いし、調理をする人はずっと厨房にいてハンバーガーを作っていれば良いし、できあがったハンバーガーをお客さんの席まで運んだり席を片付けたりする人はずっとフロアにいれば良いのです。それによって段取り替えの手間と時間を省略し、全体で見れば複雑な仕事を効率的に進めることができるようになります。

また、分業によってそれぞれの役割が明確になれば、それを繰り返し行うことによって、各担当者はその作業に慣れ、学習し、いろいろと工夫もできるようになります。接客担当はお客さんに気持ち良く対応する方法を身に付けていくでしょうし、上手くオススメして追加の注文を取ることもできるようになるかもしれません。調理担当は美味しいハンバーガーをより早く作ることができるようになったり、調理器具の配置や使い方も工夫して改善したりできるでしょう。これが「経験による学習と専門化」です。

分業を行う場合には、作業をどのように区切ると段取り替えが省略できるのか、また誰がどのような役割を担うのか、また、それをどのような手順で行うのかを決めなければいけません。しかしそれによって個々の役割が明確になれば、定型的な作業に対しては、それぞれの作業についてマニュアルを作って、決められた手順で対処することが可能になります。結果として、全体で見れば複雑な仕事を、効率的かつ正確に処理することができるようになるのです。

3-3 組織の基本ルール②：調整

しかし一方で、分業だけではうまくいかないこともあります。たとえば、ハンバーガー屋さんに来たお客さんが、一緒に来た彼女にプロポーズをしたいから、ハンバーガーの中に持ってきた指輪を入れてほしいと頼んできたとします。みなさんが接客担当だったとしたら、どうしますか？　接客のマニュアルを見ても、そのような注文を受けていいとは書いてありませんし、調理のスタッフに相談しても、調理のマニュアルにもそんなことは書いてないので、どうして良いか分かりません。衛生的にも問題がありそうですから断った方が良さそうだけど、お客さんはなんとかお願いしたいと諦めてくれません。さて、どうしたら良いでしょうか？

事前に想定できる問題に対しては、マニュアルを作っておいたり、従業員を教育したりすることで、それが発生した時に対処することが可能です。しかし、想定外の非定型的な問題、つまり例外的な問題に直面してしまうと、決められた手順がないために、分業だけでは組織は動けなくなってしまいます。そのような場合には、その時々で皆で相談して対応しても良いですが、それだとかなり効率が悪いですね。

そのような時に必要になるのが「調整」です。ここでの調整とは、例外的な問題に対して判断する人の順番と権限を決めておくことを意味します。つまり、マニュアルに書いてないような問題、それぞれの担当者では判断できないような問題が発生した場合に、その問題を「誰に報告するのか」そして「誰がその問題に対して判断／処理するのか」を事前に決めておくということです。接客部門の担当で判断できない問題が発生したら、まず接客部門のリーダーに相談し、リーダーがその問題への対処方法を決めて、担当者に指示をする。もしそのリーダーでも判断できない問題であれば、リーダーが店長に相談し、店長がその問題への対処方法を決めて、リーダーもしくは担当者に指示をする。というふうに、相談する順番や決定する権限を決めることで、例外的な問題に対処するための「命令系統」ができ、それを事前に整備しておくことによって、組織が混乱して動けなくなってしまうのを防ぐことができます。

図3-1 分業と調整による基本的な組織の形成

出典：筆者作成

3-4 基本的な組織の完成

これらの「分業」と「調整」という2つの基本ルールが整備されることで、図3-1のような組織の基本的な形ができあがります。分業によって役割が分担され、「横」の協力関係ができます。そのうえで、調整によって命令系統が整備され、「縦」の協力関係もできます。このような「横」と「縦」の協力関係が組み合わさることによって、基本的な組織の形が完成するのです。

3-5 組織におけるその他のルール

複数の人間が協力して効率的に目標を達成するために守るべき基本的なルールとして「分業」と「調整」を紹介しましたが、他にも組織において守るべきルールがいくつかあります。ここでは、次章のテーマである組織のデザインにも関連してくる、①管理の幅、②命令一元化の原則、③権限と責任の一致という3つのルールを紹介しておきます。

まず「①管理の幅」ですが、これは簡単に言うと、一人の上司が管理できる部下の数には限りがあるということです。一人で多くの部下を管理するとなると、どうしても一人ひとりに十分なケアをすることが難しくなり、目も届かなくなってしまいます。そのため、グループが一定のメンバー数に達した時点で、そのグループを分けて別々の部門とし、それぞれの部門に管理者を置き、管理の幅を超えないように組織をつくっていく必要があります。また、そうやってたくさんの部門ができ、各部門の管理者も増えてくると、それら複数の管理者の仕事を調整するための、より上位の管理者も必要になります。そして、そのように階層ができていくと、トップ（経営）―ミドル（中間管理）―ボトム（現場管理）という管理の分業が行われるようになっていくのです。

次の「②命令一元化の原則」とは、メンバーは常に一人の上司からのみ命令を受けるようにしなければならないというルールです。みなさんに上司が二人以上いて、それぞれの上司からの命令が違うという状況を想像してみてください。どうしていいか分からなくなってしまいますよね。この命令一元化の原則が守られないと、部下が混乱してしまい、調整に時間がかかり、組織がスムーズに動けなくなってしまいます。したがって、このルールを守りながら命令系統を整備し、組織の形をデザインしていかなければいけません。

最後の「③権限と責任の一致」とは、その名前のとおり、権限と責任は一致させなければならないというルールです。権限を持つということは、責任も取らなければいけないということです。また責任を負わせるのであれば、同時に権限も与えなければいけません。権限を与えられておらず、上司に言われたとおりにやることしか許されていないのに、何か問題が起こった時には自分が責任を取らされるというのでは、部下は納得できないでしょう。そのような状態にならないように、権限と責任の範囲を明確にしながら、各メンバーや管理者の役割を整備しておく必要があります。しかし現実には、上記のように部下が責任を押し付けられるような困った状態になっていることも多いでしょうし、逆に「俺が責任取ってやるから、好きにやっていいぞ」という頼もしい上司もいるかもしれませんね。

3-6 第3章のまとめ

以上、本章では、組織とは何か、そして組織として複数の人間が協力して効率的に目標を達成するために、どんなルールが必要なのかといったことを説明してきました。分業と調整をはじめとした基本的なルールに基づいて、組織がつくられ、大きくなっていきます。

みなさんも会社だけでなく、さまざまな組織に所属して、そのメンバーとして他のメンバーと協力しながら、何か共通の目標を達成するために活動していると思います。その身近な組織の中で、今回紹介したさまざまなルールが守られているかどうか、それによって効率的に組織が動けているかどうか、何か問題が発生しているとしたら、それをどうすれば解決できそうなのか、ぜひ一度客観的に観察・分析してみてください。

演 習

1 近くのファストフード店へ行き、そこでのスタッフの仕事を観察してみてください。そこではどんな仕事があり、それがどのように分業され、どのように調整しながら進められているのか、さまざまな基本的ルールは守られているのか、可能な範囲で観察し、分析してみてください。

2 自身が所属している組織を観察し、うまく分業ができているかどうか、調整による命令系統がしっかり整備されているか、その他の基本的なルールが守られているかどうか、何か問題があるとしたら、それをどう解決すれば良いか、客観的に分析し、説明してみてください。

第4章

組織のデザイン

第3章では、分業と調整をはじめとした基本的なルールを守ることで組織が機能し、また組織の形ができあがっていくということを説明しました。しかし、企業によって仕事の内容は異なり、したがって最適な分業のやり方も異なります。また、メンバーが増えて組織が大きくなり、部門も増えて命令系統も複雑になっていくと、組織の形はどんどん変わっていきます。結果として、個々の企業の組織の形はそれぞれまったく異なったものとなり、みなさんが知っている企業もそれぞれ独自の組織のデザインになっているはずです。

一方で、それらの企業ごとに異なる組織のデザインにも、いくつかの基本的なパターンがあります。以下では、その基本的な組織デザインのパターンについて、それぞれのメリットやデメリット、そのデザインが機能する条件等を、みなさんと一緒に考えていきたいと思います。

まずは、図4-1、図4-2の2つの組織デザインのパターンを見てください。どちらもピラミッドの形になっていますが、いくつか違いがあるのが分かると思います。

では、図4-1および図4-2の2つの組織デザインについて、それぞれどんな特徴があり、そのデザインで組織を運営することにどんなメリットもしくはデメリットがあるのか、考えてみてください。

いかがでしょうか？　なんとなく違いは分かると思いますが、その違いによってそれぞれどんなメリット／デメリットが生じるのかについては、少し難しいかもしれませんね。それらを理解してもらうために、組織デザインの基本的な考え方から順に説明していきます。

図4-1　組織デザイン①

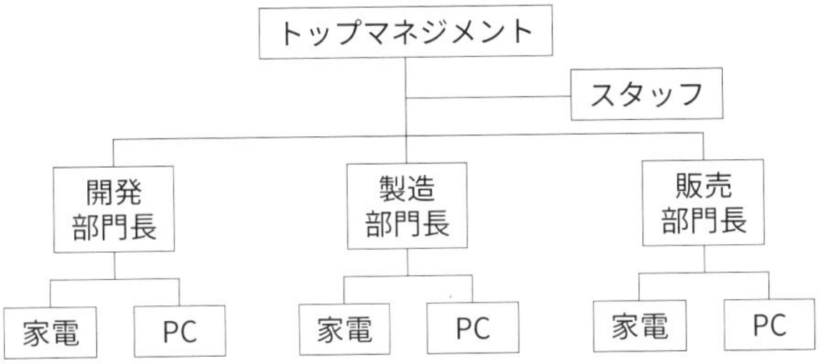

出典：筆者作成

図4-2　組織デザイン②

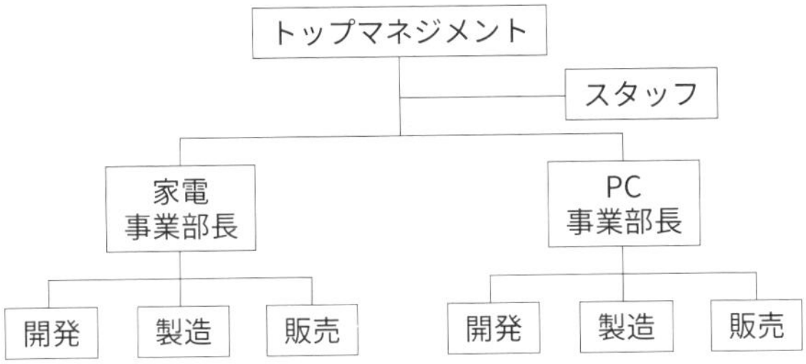

出典：筆者作成

4-1 組織デザインの2つの側面：水平分化と垂直分化

組織のデザインには2つの側面があり、その側面から考えることによってデザインのパターンを分類することができるようになります。その側面が「水平分化」と「垂直分化」で、それぞれ組織をヨコとタテでどのように分けていくかを考えるものです。

水平分化とは第3章（組織の基本）で説明したヨコの「分業」に関連するもので、組織としてどのように役割分担をしながら部門を分けていくかを考えます。上に示した組織デザイン①（図4-1）ではトップマネジメントの下に「開発」、「製造」、「販売」といった機能別に分かれた部門が設置されていますが、組織デザイン②（図4-2）ではトップマネジメントの下に「家電事業部」と「PC事業部」という事業のカテゴリー別に分かれた部門が設置されています。このように、組織全体で行わなければいけない大きな仕事（家電とPCを開発して製造して販売する）をどのように分けて分業していくかというのが、水平分化の考え方です。

一方で垂直分化とは、これも「第3章　組織の基本」で説明した「調整（命令系統）」に関連するもので、組織のタテの階層の中のどこに意思決定の権限を置くかを考えます。つまり、誰が何について決定する権限を持つのかということです。組織デザイン①では、機能別になっている各部門の長は、各機能について決定する権限は持っているものの、製品全体の戦略についてはトップマネジメントが決めなければならなそうです。一方で組織デザイン②において、事業別に分かれた各事業部の長は、家電もしくはPCについて、開発や製造や販売といった各機能を含めて製品全体の戦略について考えることができるように見えます。

ちなみに、このような垂直分化によって組織のタテの階層に権限を分けていく際に、より上層のトップマネジメントに権限を集中させることを「集権化」、より下層の部門に権限を分け与えていくことを「分権化」と言います。集権化と分権化には、一般的にそれぞれ次のようなメリットがあります。

集権化のメリット

- 組織としての活動を調整・統合しやすい
- 組織全体の目標と意思決定を一致させやすい
- 機能や資産の重複を防ぎやすい

分権化のメリット

- トップの負担が減り、重要な意思決定に集中できる

- 意思決定スピードが速く、柔軟に対応できる
- 最も情報を持っている人が意思決定できる
- 責任が明確になる

集権化によって組織の上層に権限を集中させると、そこで組織全体の活動をコントロールできますから、組織としての目標に合わせてすべての意思決定や活動を調整し、機能が重複することによる無駄も防ぎながら、効率的にビジネスを進めていくことができるかもしれません。一方で、分権化によって組織の下層に権限を分け与えていくと、トップマネジメントはその分の負担が減り、より重要な意思決定に集中することができるでしょう。また、現場に近いところで意思決定することが可能になり、実際の現場を分かっている人が柔軟に対応できるようになるでしょうし、そのような権限に応じた責任も与えることによって、何についてどこの誰が責任を取るべきなのかを明確にできるでしょう。

これらの基本的な考え方をふまえて、以下では、「職能（機能）別組織」、「事業部制組織」、「マトリクス組織」という代表的な3つの組織デザインのパターンを紹介していきます。

4-2 職能(機能)別組織

最初に紹介するのが、先に図4-1で組織デザイン①として挙げていた「職能（機能）別組織」です。この職能（機能）別組織は、職能（機能）の違いによって水平分化をし、部門をつくっていく組織デザインです。図4-3に示した企業の大きな仕事は、家電製品やPC製品を開発し、製造し、販売するというものですが、その一連の仕事を開発、製造、販売という作業（機能）単位で分業し、それぞれの作業（機能）を専門に行う部門をつくっています。

図4-3　職能（機能）別組織のイメージ

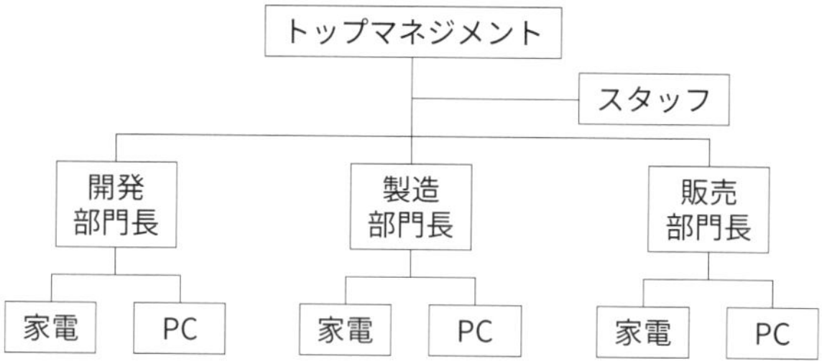

出典：筆者作成

ここで「職能」とは、企業における専門的な知識や技能のことを言います。職能には「ライン職能」と「スタッフ職能」という2つのタイプがあり、ライン職能とはその企業の本来のビジネスを進めるための基本的な機能を直接的に遂行するものです。たとえば製造業の企業においては開発、調達、製造、販売といった機能が基本的なライン職能でしょう。一方でスタッフ職能は、それらのライン職能が円滑に機能するために補佐をしたり、トップマネジメントが行う意思決定を専門的な知識によってサポートしたりする役割を担います。たとえば人事や経理といった機能や、経営陣をサポートする経営企画といった機能が、このスタッフ職能に含まれます。

図4-4はモバイルデータ通信サービスを提供している「UQコミュニケーションズ」という企業の組織図です。同社の組織デザインは職能（機能）別組織がベースになっていると言えるでしょう。図4-4を見るとなんとなく分かると思いますが、この企業ではデータ通信サービスを提供するための技術を「技術部門」が開発し、その技術を「建設部門」が実際の通信設備として建設し、その設備を用いたサービスを「営業部門」が販売していくという形で分業が行われています。また、それらのライン職能に対して、「企画部門」や「コーポレート部門」をはじめとするスタッフ部門がサポートしていくという形になっているように見えます。

図4-4 UQコミュニケーションズ株式会社の組織図（一部）

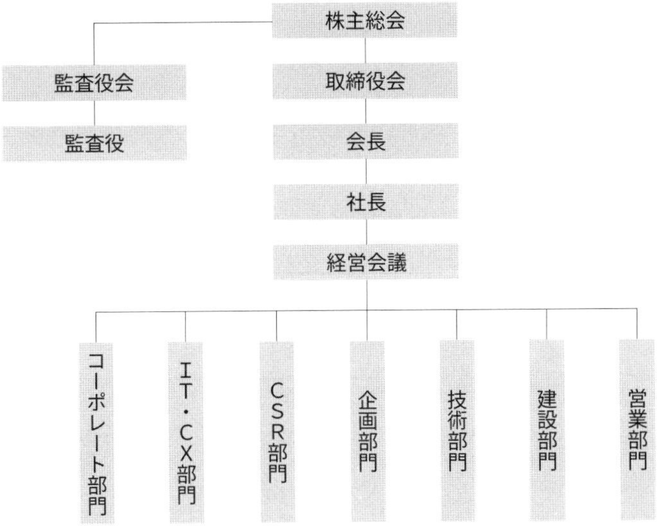

出典：UQコミュニケーションズ株式会社ホームページ（https://www.uqwimax.jp/company/soshiki/）を参考に筆者作成（2021年6月13日）

企業がこのような職能（機能）別組織という組織デザインを採用することのメリットの1つは、分業のメリットを実現できるということです。第3章（組織の基本）で説明したとおり、分業することのメリットとして「効率化」および「経験による学習と専門化」が挙げられます。職能（機能）別組織は、機能ごとに部門をつくって分業することで、全体として見ると複雑なビジネスを効率的に進めることができ、各部門がそれぞれの機能について経験を積んで学習し、専門化することで、各機能がさらに改善されていくことも期待できます。

さらに、職能（機能）別組織における各部門は担当する機能についての権限しか持たないため、上層のトップマネジメントに大きな権限が集中することになります。それによって前述した集権化のメリットを実現することもできるでしょう。すなわち、組織全体の活動をトップマネジメントがコントロールしながら、組織としての目標に合わせてすべての意思決定や活動を調整し、機能が重複することによる無駄も防ぎながら、効率的にビジネスを進めていくことができます。

しかし一方で、この職能（機能）別組織にはデメリットもあります。それは、トップマネジメントに権限が集中しているため、その負担が大きく、組織の下層の現場で意思決定ができないため意思決定のスピードも遅くなってしまうということです。さらに、たとえば家電の新製品が大ヒットした場合や、逆に大失敗した場合、どこにその貢献や責任があるのかが不明確になります。大失敗した製品について、販売部門はコストが高すぎて価格で他社製品に負けてしまうと製造部門を非難するかもしれませんし、製造部門は、自分たちは限界までコストを下げているのに開発部門の要求に無理があると主張するかもしれません。一方で開発部門は、自分たちは魅力的な製品を開発したのに販売部門にはそれを売る力がないと非難するかもしれません。

それらに加えて、たとえば図4-3で示した職能（機能）別組織の企業が新たに「医薬品」のビジネスに参入することになった場合、開発部門は家電とPCと医薬品の開発をし、製造部門は家電とPCに加えて医薬品を製造しなければならず、販売部門は家電量販店にも病院のお医者さんにも営業に行って製品の説明をしなければならなくなります。これは極端な例ですが、職能（機能）別組織を持つ企業が多角化（既存の事業に加えて他の事業を新たに始めること）をしていくと、各部門で製品ごとに必要となる知識や技術が異なり、それらを同時に1つの部門の中に抱えることに無理が生じてきます。家電やPCと医薬品では、開発に必要な知識も、製造に必要な設備も、販売に必要なネットワークもまったく異なるからです。

4-3 事業部制組織

職能（機能）別組織のそのようなデメリットを克服しようと考え出されたのが、図4-2で組織デザイン②として先に示していた「事業部制組織」です（図4-5）。この事業部制組織は、製品やサービスのカテゴリーごとに部門をつくって水平分化していく組織デザインです。それぞれの事業別に分かれた各事業部の長は、家電もしくはPCについて、開発や製造や販売といった機能を含めて、製品全体の戦略について意思決定できる権限を持っています。このように、事業部制組織のポイントは、個々の事業について意思決定を行う権限がトップマネジメントから各事業部に委譲され、分権化されているということです。

図4-6は、みずほグループ内の証券会社である「みずほ証券」という企業の組織図です。「第2章　会社の仕組み」で学んだ株主総会を最高意思決定機関として、その下に取締役会、社長と続いていますが、そこから先の部門は、「リテール・事業法人」、「グローバル投資銀行」、「グローバルマーケッツ」といった事業別の部門が、「人事」や「IT・システム」といったスタッフ機能を担うグループとともに並んでいます。

ちなみに、リテールというのは日本語で「小売り」という意味で、一般の消費者に商品やサービスを販売することです。したがって、リテール・事業法人部門は証券取引を含めた金融サービスを一般の顧客や事業法人（会社）の顧客に販売していく部門ということになります。また、グローバル投資銀行部門という部門がありますが、投資銀行というのは、企業が株を発行して資金を調達するのをサポートするのが主なビジネスです。したがって同部門は、それをグローバル規模で行っていくということになりますが、先のリテール・事業法人部門が行うビジネスとはかなり性質が異なりますね。

図4-5 事業部制組織のイメージ

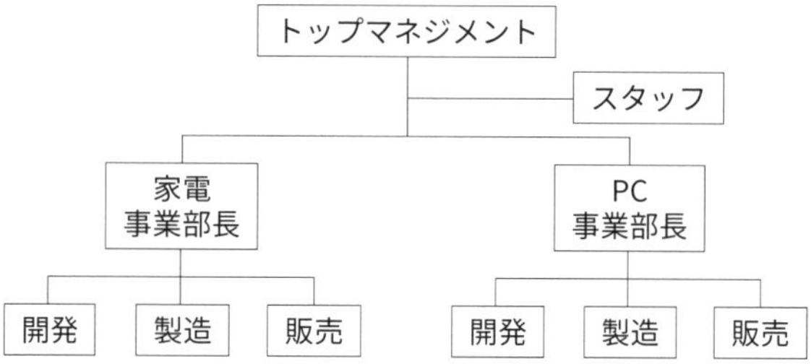

出典：筆者作成

図4-6 みずほ証券株式会社組織図

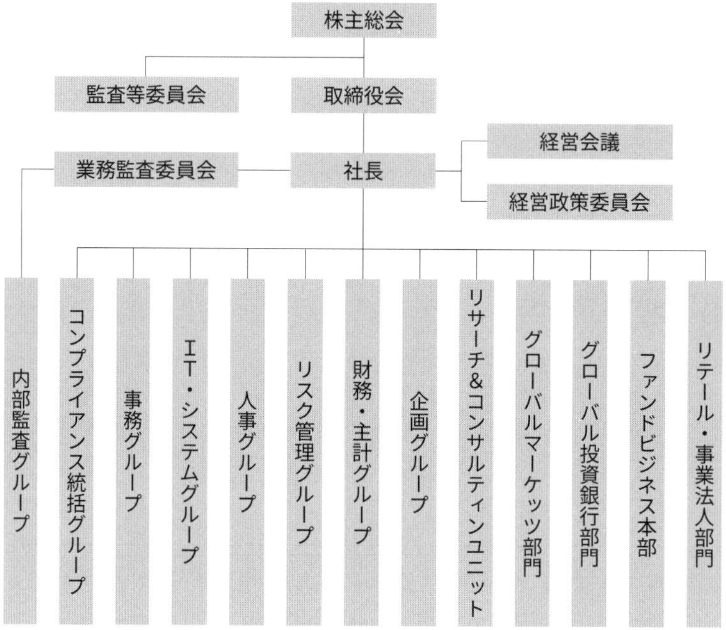

出典：みずほ証券株式会社ホームページ（https://www.mizuho-sc.com/company/info/profile/index.html）を参考に筆者作成（2021年6月13日）

同様に、グローバルマーケッツ部門のビジネスは国内外の投資家に向けて株だけでなく特殊な金融商品・サービスを提供していくというもので、これも先の2つの部門のビジネスとは性質が異なります。

企業がこのような事業によって水平分化された事業部制組織を採用することのメリットは、ほぼ先に紹介した職能（機能）別組織のデメリットの裏返しです。先にも述べたとおり、事業部制組織は、職能（機能）別組織のデメリットを克服しようと考え出された組織デザインです。事業部制組織においては、各事業部に個々の事業に関する権限が委譲されているため、まずトップマネジメントの負担が減り、トップは個々の事業についての細かい意思決定から解放されるため、企業全体としての成長方向や複数の事業に対する資源配分といった、より重要な問題への対処に集中することができます。また、分権化によって権限が各事業部に委譲されることで、個々の事業における意思決定が速くなり、実際のビジネスの現場に近いところで柔軟に意思決定できるようになります。さらに、各事業部にそれぞれの事業についての権限が与えられると同時に、その事業で利益を出すことに対する責任も与えられていますから、個々のビジネスがうまくいかなかった場合、どこに責任があるのか明確です。加えて、企業が事業を多角化する場合でも、その事業を独立して担う事業部を追加すれば良いだけなので、多角化しても組織全体への影響が少ないと言えるでしょう。

一方で、もちろんこの事業部制組織にもデメリットはあります。それは分権化されているからこそのデメリットであり、一言で言うと「組織全体として最適化しにくい」というものです。まず、各事業部が比較的自由に独立して事業を運営することができるため、どうしても機能や資産の重複が起きやすくなります。たとえば、家電事業部とPC事業部でそれぞれの製品を製造するために、同じ機械設備を別々で購入して使用しているかもしれません。もしかするとその設備は1つで両方の製品を製造する機能と能力を持っているかもしれず、それなら別々に2台購入して持っているのは無駄ということになります。また、家電の営業もPCの営業も、どちらも家電量販店に製品をたくさん置いてもらうのが重要な仕事だとすれば、それは各事業部でわざわざ別々にやらなくてもいいはずですし、家電量販店側としても別々に来られると二度手間になってしまうかもしれません。

さらに、事業部制組織において、各事業部はある意味、競争関係にあります。なぜなら、企業として使用できる経営資源は限られているため、トップマネジメントはその限られた資源をそれぞれの事業部にどのように配分するかを考えなければなりません。各事業部は、その経営資源をめぐって競争しているということです。当然ながら、より多くの利益を出すことのできる事業部がより多くの資源を配分してもらえる可能性が高いでしょうから、各事業部は他の事業部よりも高い業績を達成しようと努力します。そのような競争によって各事業部が切磋琢磨しながら高い業績を達成できれば良いのですが、時にその競争が行き過ぎて、敵対してしまうこともあるでしょう。そうなると、協力が難しくなり、共有すべき資源も共有されず、組織全体としては非効率になってしまう可能性もあります。このような状態で各部門が組織全体の利益よりも自分たちの利益を優先してしまうことを「セクショナリズム」と呼びますが、事業部制においてはトップマネジメントの権限が各事業部に大幅に委譲されているため、セクショナリズムが発生しやすく、またそれが発生すると全体としてコントロールしながら最適化するのも困難となってしまいます。

図4-7　マトリクス組織のイメージ

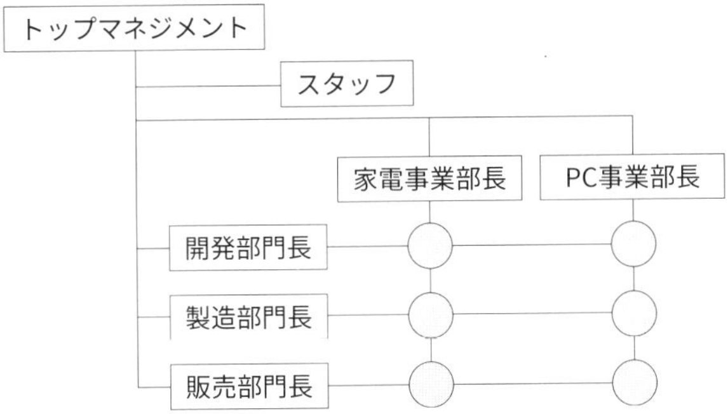

出典：筆者作成

4-4 マトリクス組織

最後に紹介する「マトリクス組織」は、図4-7にあるように、職能（機能）別組織と事業部制組織を組み合わせた組織デザインです。職能（機能）別組織で置かれていた各機能別の部門と、事業部制組織で置かれていたビジネスごとの事業部の両方があり、たとえば図4-7の左上の○に位置する社員の人たちは、開発部門と家電事業部の両方の部門に所属することになります。このように、2つの組織デザインを組み合わせることによって、これまで説明してきた2つの組織デザインの両方のメリットを実現し、両方のデメリットを克服しようとするのがこのマトリクス組織です。しかしながら、たしかにそれが実現できれば理想的ではありますが、現実にはなかなかそう簡単にはいきません。

では、このマトリクス組織にはどのような問題があるでしょうか？

マトリクス組織の特徴は、個々の社員が2つの部門に同時に所属することだとすでに説明しましたが、そうなると、それぞれの部門には部門長がいるため、二人の部門長から指示や命令を受けることになります。この点が、マトリクス組織を運営するうえで最も難しい問題となってきます。そうです。「第3章　組織の基本」の最後に説明した「命令一元化の原則」に反してしまっているのです。

命令一元化の原則とは、メンバーは常に一人の上司からのみ命令を受けるようにしなければならないという組織の基本ルールでした。このルールが守られずに複数の上司から同時に異なる命令を受けてしまうと、メンバーはどうして良いか分からず、混乱してしまいます。図4-7を見て分かるとおり、マトリクス組織においてはそのルールが守られておらず、メンバーが混乱してしまう可能性が高い構造になっています。

そうなると、それぞれの部門の利害や部門長からの要求を調整するために会議を開いて話し合ったり、メンバーがいろいろと気を遣って走り回ったり、余計な手間と時間がかかってしまいます。もちろん、事前に優先順位を決めて部門間の権限に差をつけておくことで、意思決定はいくぶんスムーズになるかもしれませんが、それでも現実的には、現場でいちいち細かい調整をしながら進めなければならず、なかなか簡単にはいかないでしょう。実際に、一時期多くの企業が、業務が改善することを期待してこのマトリクス組織に組織デザインを変更しましたが、そのほとんどが期待どおりの成果を得られず、逆に業務効率が落ちてしまって失敗に終わったと言われています。

4-5 第4章のまとめ

本章では、組織のさまざまなデザインについて、その基本となる水平分化や垂直分化の考え方、集権化と分権化のそれぞれのメリット、そしてそれらをふまえて具体的ないくつかのデザインの基本パターンを紹介しました。ここで紹介してきたのはあくまでも基本的な考え方で、実際の企業における組織のデザインは、そのビジネスの内容や歴史的な経緯も含めたさまざまな要因によって、それぞれ独自のものとなっています。

しかしながら、ここで説明してきた基本的な考え方を視点としてその組織デザインを見ることによって、その組織における仕事の進め方を推測できるでしょうし、そこで発生している問題の原因を発見できるかもしれません。ぜひ、興味のある企業の組織図をインターネットで検索してみたり、自身が所属している組織の組織図を改めて眺めたりしてみて、それがどのようなデザインになっているのか、そしてそこにどんな特徴があって、どんな問題がありそうなのか、自分なりに分析してみてください。

演 習

1 自身が興味のある企業を1つ選び、その企業の組織図をインターネットで検索してください（見つからない場合は企業を変更して探してみてください）。そのうえで、その企業の組織がどのようなデザインになっているか、本章で学んだ内容をふまえて分析し、説明してください。

2 上記①とは異なる業種の企業を1つ選び、その企業の組織デザインと①で分析した企業の組織デザインを比較してください。それぞれどのような特徴があり、どんな部分が共通していて、どんな部分が異なっているのか、またなぜそのような違いがあるのか等を考えて説明してください。

第5章

リーダーシップ

第4章では、組織のデザインについて説明しましたが、経営学の中で、そのような組織全体の構造、また組織と組織の関係といった大きな視点から、より有効な組織について議論する分野を「マクロ組織論」と呼びます。それに対して、組織の中の「集団」や「個人」といったより小さな視点から、それらの集団や個人に組織の中で気持ち良く働いてもらい、組織の目標に向かって貢献してもらうためにはどうすれば良いかといったことを考えていくのが、「ミクロ組織論」です。そのミクロ組織論における代表的なトピックとして、本章では「リーダーシップ」について、そして次の第6章では「モチベーション」について、基本的な考え方や代表的な理論を紹介していきます。

5-1 あなたの理想のリーダーは？

みなさんの理想のリーダーは誰ですか？　その人のどんなところが理想ですか？

有名人でも身近な人でも、誰でも良いので、みなさんがリーダーとして優れていると思う具体的な人を思い浮かべてみてください。そして、その人が持っているリーダーとして優れている要素を挙げてみてください。いかがでしょうか？

毎年、明治安田生命という保険会社が、新社会人となる学生を対象に「理想の上司」に関するアンケート調査を行って、その結果を公表しています[1]。そこでは、男性と女性でそれぞれ理想の上司として選ばれた有名人がランキング形式で示されており、2021年2月に公表された調査結果の総合ランキングでは、男性部門の1位として芸能人の「内村光良」さん、2位として元 嵐のメンバーである「櫻井 翔」さん、3位として元 メジャーリーガーの「イチロー」

選手が選出されています。また女性部門では、1位がアナウンサーの「水卜《みうら》麻美」さん、2位が女優の「天海祐希」さん、3位が女優の「新垣結衣」さん、となっています。

調査ではそれぞれの有名人が選ばれた理由も示されていて、たとえば内村光良さんや水卜麻美さん、新垣結衣さんは、「親しみやすい」という項目で高く評価されています。一方で、櫻井 翔さんは「頼もしい」や「知的・スマート」、天海祐希さんは「頼もしい」や「姉御肌」、イチロー選手は「指導力がある」や「実力がある」といった項目で高評価を獲得しており、それぞれ評価された項目が異なっています。このように、リーダーや上司と言っても、その要素にはさまざまなものがあり、いろんなタイプのリーダーが存在します。

リーダーシップとは、目標に向かって複数の人間を率いていくための能力や行動を意味しており、そこには、ビジョンを提示し、目標を設定し、体制を構築し、メンバーを動機づけて、発生するさまざまな問題を解決するといった、多様な能力や行動が含まれています。経営学ではこのリーダーシップについて、古くから現在まで非常に多くの議論が行われており、その中でさまざまな研究者が「優れたリーダー」の要素を見つけようと研究を重ね、理論を提示してきました。本章では、そのリーダーシップに関する代表的な理論について、その変遷も含めて紹介していきます。

5-2 資質・特性理論

リーダーシップに関する初期の研究では、リーダーになる人には、リーダーになれない人とは異なる能力や資質・特性があると考えられていました。それが「資質・特性理論」です。そこでは、さまざまな研究者が実際の優れたリーダーを調査し、資質面でのさまざまな特徴を抽出して、優れたリーダーになれる人の条件を整理しようと試みました。そしてその結果として、たとえば、年上で身長が高く、容姿が優れているといった身体的特徴や、学歴や出身階層が高いという社会的特徴、知能指数の高さや性格、社交性といったその他の特徴が、リーダーになれる人の資質として挙げられました。

しかしながら、これらの特徴は特定のリーダーに確かに見られたかもしれませんが、優れたリーダーに一貫して見られるとは必ずしも言えません。また、これらの特性を備えている人が確実に優れたリーダーだと言うこともできないでしょう。さらに問題なのは、優れたリーダーになれるかどうかが、その人が生まれ持った資質で決まるとなると、その資質を持っていない人は努力しても優れたリーダーにはなれないということになってしまいます。このような限界から、このリーダーの資質・特性に注目する考え方や議論は、下火になっていきました。

5-3 行動理論

資質・特性理論に代わって議論されるようになったのが、リーダーシップに関する「行動理論」です。生まれ持った資質ではなく、行動であれば、努力によって変えることもできますし、日々の仕事においてそれを意識したり、心がけたりすることで、優れたリーダーに育っていくことも、育てることも可能です。

では、優れたリーダーに必要な行動とは、どのような行動でしょうか？　この行動理論においては、さまざまな研究者がリーダーに求められる行動を整理し分類してきました。そして、それらの多くの研究において共通して重要だとされているのが、「仕事」と「人間関係」に関連する行動です。たとえば日本の社会心理学者

図5-1　PM理論におけるリーダーのタイプ

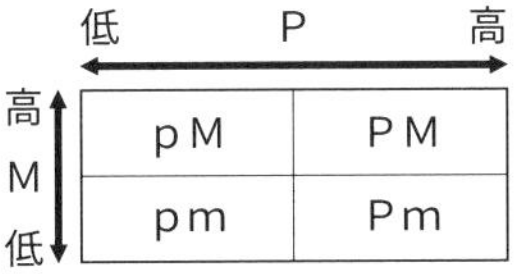

出典：三隅二不二『リーダーシップ行動の科学』を参考に筆者作成

である三隅二不二が提唱した「PM理論[2]」は、仕事に関連する①Performance（目標達成行動）と、人間関係に関連する②Maintenance（集団維持行動）がリーダーシップの重要な構成要素であるとし、それらの高低によって図5-1のようにリーダーを4つのタイプに分けています。ちなみに、①Performanceは、目標を設定し、計画を立案し、メンバーに指示することによって集団の目標を達成するための行動であり、②Maintenanceは、人間関係を良好に保ち、集団のまとまりを維持するための行動です。

図5-1内のアルファベットの大文字と小文字は、それぞれの要素についての高低を表しており、左下に分類されているpm型のリーダーは、仕事もできず人間関係を維持するのも苦手という、残念なリーダーです。それに対して、右上に分類されているPM型のリーダーは、仕事もできて集団をまとめることもできる理想的なリーダーだとされています。また、右下のPm型のリーダーは、仕事はできるけれど人望がないリーダー、左上のpM型は逆に、仕事はできないけれどみんなに好かれているリーダーというイメージです。

リーダーシップの行動理論では、右上のPM型、つまり仕事でも人間関係でもうまく行動できるリーダーが理想とされますが、なかなかそんなすべてを兼ね備えたような理想的なリーダーはいないでしょう。実際に、最初に紹介した「理想の上司」のアンケート調査で選出された有名人の方々も、たとえばイチロー選手は「指導力がある」や「実力がある」といった仕事に関連しそうな側面で評価されており、一方で内村光良さんや水卜麻美さんは「親しみやすい」という人間関係に関連しそうな側面を評価されて「理想の上司」として選ばれています。

5-4 状況適合理論

図5-1内のPM型のリーダーのように、どんな状況でも最適な理想のリーダーというのは、もちろん目指す理想像としては良いですが、たとえばみなさんが経営者として、ある部署の運営を任せるために誰かをリーダーとして選ばなければならないと想像してください。そんな仕事もできて人間関係を構築するのも得意な優秀な人材がたまたま社内にいればいいですが、なかなかそううまくもいかないでしょうし、育てるといっても時間がかかります。また、外からそんな優秀な人を連れてくるとなると、かなり高い報酬を支払う必要があるでしょう。

したがって現実的には、どんな状況でも対応できる最高のリーダーよりも、置かれている状況に合わせて、その状況に最適なリーダーを選ぶということも必要になってきます。そしてそのように状況に合わせて最適なリーダーを選ぶためには、どのような状況においてどんなリーダーが有効なのかを分かっていなければなりません。それを明らかにしようとしたのがフレッド・E・フィードラーの「状況適合理論[3)]」です。

状況適合理論では、唯一絶対のリーダーシップというものはなく、状況に応じて有効なリーダーシップのタイプは異なると考えます。そのうえで、行動理論においてリーダーシップの要素とされた「仕事」と「人間関係」のどちらを重視するリーダーが、どのような状況において、より良いパフォーマンス（部下のモチベーションや組織の業績）を達成できるかを検証した結果、以下のようなことが明らかになりました。

① 部下との関係が良好で、仕事の内容も明確で、リーダーが強い権限を持てているような、「リーダーにとって非常にやりやすい状況」においては、「仕事重視のリーダー」がより高いパフォーマンスを達成できる。

② 部下との関係が険悪で、仕事の内容も曖昧かつやるべきことが不明確で、リーダーが権限を持てていないような、「リーダーにとって非常にやりにくい状況」においても、「仕事重視のリーダー」がより高いパフォーマンスを達成できる。

③ 部下との関係や仕事内容の明確さ、リーダーの権限の強さがそれぞれ中程度、もしくは強弱が混ざっているような、「リーダーにとって普通の状況」においては、「人間関係重視のリーダー」がより高いパフォーマンスを達成できる。

少し分かりにくいかもしれませんが、状況適合理論によれば、リーダーは自分にとって「やりやすい状況」や「やりにくい状況」では、仕事重視の行動を選択し、それ以外の「普通の状況」では人間関係重視の行動を心がけるのが良いということになります。たとえば、従業員数十名程度で社長も従業員も互いの顔と名前が分かって仲良くやっている小さな会社においては、仕事内容もそれほど複雑ではなく、社長は「やりやすい状況」で仕事重視のリーダーシップを発揮することでうまく会社を運営できるかもしれません。しかし、従業員が数百人や数千人に増え、社長と社員の関係も希薄になり、ビジネスの内容も仕事の内容も複雑になってくると、必ずしも当初のやり方ではうまくいかず、より人間関係を重視するリーダーシップが求められるようになるとも考えられます。

このように、状況適合理論の重要なポイントは、状況に応じて最適なリーダーシップスタイルは異なるため、組織や、組織を取り巻く環境が変化した際に、それに応じてリーダー自身がスタイルを変えるか、もしくはリーダーを他の人に変える必要があるということです。特に組織の成長ステージに合わせて求められるリーダーは変化していくでしょうから、リーダーは自分のスタイルをどんな時でも貫くのではなく、置かれている状況でリーダーにどんな行動が求められているのかを考えることが大切になるのではないでしょうか。

5-5 さまざまなリーダーシップスタイル

状況適合理論はその後、組織が置かれたさまざまな状況でどんなリーダーがより高いパフォーマンスを発揮できるのかについて、多くの研究者が研究を蓄積していきました。一方で、その時代時代で、理想とされるリーダーや求められるリーダーは変化していきます。実際に、先に紹介した明治安田生命の「理想の上司」アンケート調査でも、ここ数年は「親しみやすい」内村光良さんや水卜麻美さんが連続でトップに選ばれていますが、その前は「頼もしくて」「指導力がある」松岡修造さん、池上 彰さん、イチロー選手、そして天海祐希さんがずっと「理想の上司」のトップに選ばれていました。このように、その時々のさまざまな状況によって、求められるリーダーの理想像は変化していくのです。

リーダーシップに関する議論でも、1970年代以降の米国において、経済が停滞し、競争が激化した中でも、組織変革を実現できるようなリーダーが求められるようになりました。それを反映して、経営学においても、現状を正しく評価し、長期的なビジョンを提示し、自ら リスクを取って組織を率いることのできる「カリスマ型リーダー」や、それによって部下の意識やモチベーションを変化させる「変革型リーダー」についての研究が盛んになりました。

近年では、そのような自ら組織を引っ張っていくような強いリーダーのイメージとは異なり、部下に奉仕する「サーバント・リーダー」も注目されています。このサーバント・リーダーシップの基本的な考え方は、リーダーのために部下がいるのではなく、部下が目標達成に向かって気持ちよく働くのを支えるためにリーダーがいるというものです。サーバント・リーダーは、部下に対する思いやりや奉仕の行動によって部下からの信頼を獲得し、その信頼をベースに目指す方向へ部下を導きます。ここ数年連続で「親しみやすい」内村光良さんや水卜麻美さんが「理想の上司」に選ばれているのは、社会がそういう優しいリーダーを求めているからかもしれませんね。

5

5-6 第5章のまとめ

本章では、リーダーシップに関する基本的な考え方や代表的な理論について、その変遷も含めて紹介してきました。すでに述べたとおり、リーダーシップに関する議論は古くから行われており、ここで紹介した以外にもさまざまな理論や考え方が蓄積されています。また、その議論は現在でも盛んに行われており、今後も時代時代の状況を反映して新たなタイプのリーダーシップが求められるようになることもあるでしょう。本章ではこれまで蓄積されてきたリーダーシップに関する理論や考え方のほんの一部を紹介しただけですが、ぜひ興味があれば、それらをベースとしてリーダーシップについてより深く学んでみてください。

また、みなさんの身近なところにいるリーダーの行動を観察して、どんなタイプのリーダーなのか分析してみたり、みなさん自身の行動を振り返って、自分がどんなリーダーなのか、今置かれている状況で求められているリーダーになれているかどうか、ぜひ考えてみたりしてください。そして大切なのは、状況適合理論が主張するように、唯一絶対のリーダーシップというものはなく、状況に応じて有効なリーダーシップのタイプは異なるということです。自分はリーダーに向いていないと考えている人も多いのではないかと思いますが、きっとみなさんがリーダーとして輝ける場所があるはずです。

注

1） 明治安田生命保険相互会社「理想の上司アンケート調査」https://www.meijiyasuda.co.jp/profile/news/release/2020/pdf/20210202_01.pdf（2021年5月10日アクセス）

2） 三隅二不二（1984）『リーダーシップ行動の科学』（改訂版）有斐閣。

3） Fiedler, F.E., *A Theory of Leadership Effectiveness,* McGraw-Hill, 1967.

演習

1 リーダーシップに関する行動理論の考え方を参考にしながら、自身の周りにいるリーダーの行動を観察して、「仕事」と「人間関係」という軸でそのリーダーがどんなタイプのリーダーなのか分析してください。またそのリーダーが優れている点、改善すべき点についても考えてみてください。

2 自身の行動を振り返って、自分がどんなリーダーなのか、今置かれている状況で自分がリーダーになるとしたら、どんなリーダーになれるのか、もしくはなるべきなのか、考えてみてください。

COLUMN

あなたはどんなリーダー？

本章で紹介したフィードラーの「状況適合理論」では、リーダーのリーダーシップスタイルをLPC（Least Preferred Coworker）尺度という質問票を用いて測定しています。それは、回答者にとって「もっとも苦手とする仕事仲間」について、その仕事仲間の特徴に関する18個の質問項目に答えることで、回答者のリーダーシップスタイルを測定しようとするものです。その尺度を図5-2として載せておきますので、よかったら試しにみなさん自身のリーダーシップスタイルを、以下の指示にしたがって測定してみてください。

みなさんにも、これまで仕事やアルバイト、部活動やサークル等、さまざまな集団活動において、一緒に活動するのが難しかった人が一人や二人はいるかと思います。そのうち最も苦手だった特定の人を思い浮かべてください。そして、その人について、図5-2の各質問項目の中の適当な数字に○印を記入することによって、この人物を評価してみてください。

個々の質問項目は、たとえば最初の項目のように、「楽しい」、「楽しくない」という反対の意味の言葉のペアになっています。その最も苦手とする仕事仲間が「かなり楽しい」人だと思えば、7の上に○印を付けてください。しかし、この人物が「どちらかといえば楽しくない」人だと思えば、4の上に○印を付けてください。もしその人が「まったく楽しくない」人だと思うのであれば、1の上に○印を付けてください。そのような要領ですべての質問項目に○印を付けたら、○の付いている数字を右の括弧に書き出して、それを合計し、合計点を右下に記入してください。

さて、何点になったでしょうか？　一般的にだいたい65点前後

図5-2 フィードラーのLPC尺度

楽しい	8	7	6	5	4	3	2	1	楽しくない	(　　)
友好的	8	7	6	5	4	3	2	1	非友好的	(　　)
拒否的	1	2	3	4	5	6	7	8	受容的	(　　)
堅苦しい	1	2	3	4	5	6	7	8	親しみやすい	(　　)
よそよそしい	1	2	3	4	5	6	7	8	親密	(　　)
冷たい	1	2	3	4	5	6	7	8	温かい	(　　)
協力的	8	7	6	5	4	3	2	1	敵対的	(　　)
退屈	1	2	3	4	5	6	7	8	面白い	(　　)
けんか好き	1	2	3	4	5	6	7	8	和やか	(　　)
暗い	1	2	3	4	5	6	7	8	明るい	(　　)
オープン	8	7	6	5	4	3	2	1	ガードが硬い	(　　)
陰口を言う	1	2	3	4	5	6	7	8	誠実	(　　)
信頼できない	1	2	3	4	5	6	7	8	信頼できる	(　　)
思いやりがある	8	7	6	5	4	3	2	1	思いやりがない	(　　)
意地悪	1	2	3	4	5	6	7	8	人が好い	(　　)
感じが良い	8	7	6	5	4	3	2	1	感じが悪い	(　　)
本音を言わない	1	2	3	4	5	6	7	8	正直	(　　)
親切	8	7	6	5	4	3	2	1	親切でない	(　　)

合計：

出典：Fiedler, F.E.『A Theory of Leadership Effectiveness』に記載されている尺度を筆者翻訳作成

が平均点になるとされており、実際に私が担当している大学の講義で毎年100名程度の学生に答えてもらっていますが、そこでも65点前後の平均点になることがほとんどです。仮にそれを基準とした場合、65点以上の点数だった方はどちらかというと「人間関係重視のリーダー」ということになり、より点数が高ければ高いほど、その傾向が強いということになります。一方で、合計点が65点未満だった方はどちらかというと「仕事重視のリーダー」ということ

になり、より点数が低ければ低いほど、その傾向が強いということになります。

自分の診断結果について、納得できた方も、納得できない方もいると思いますが、是非、自身のリーダーシップスタイルを確認し、見直すきっかけにしてみてください。また、友人や家族に回答してもらって、点数を比較してみたり、実際のその人のリーダーシップスタイルと照らし合わせて考えてみたりするのも面白いかと思います。

第6章

モチベーション

みなさんは、どんな時にやる気が出ますか？
みなさんは、どんな時にやる気を失いますか？

2つの質問について、勉強でも仕事でも何でも構いませんので、自身がどんな時にやる気が出るのか、どんな時にやる気を失うのかを、「それぞれ別々に」考えて、書き出してみてください。もちろん、共通しているものもあるでしょうし、違うものが挙がるかもしれません。よかったら、それを手元に置きながら、これからお話しするモチベーションについて考えていきましょう。

モチベーションとは何でしょうか？　簡単に言うと「やる気」に近い言葉だというのは共通認識だと思いますが、経営学においてモチベーションはしばしば次のように定義されます。

個人が活力（意欲）を高め、方向性を持ち、目標達成に向けて粘り強く努力するプロセス

企業にとって従業員は、重要な経営資源であり、貴重な労働力というインプットを提供してくれる存在です。そのような従業員の人たちに、高い意欲を持って、適切な（企業の目標と一致した）目標に向かって、諦めずに努力してもらう、すなわち高いモチベーションで働いてもらうことができれば、その結果としてより多くの質の高いアウトプット（製品・サービス）を生み出したり、インプット（のコスト）を少しでも節約したりすることができ、より多くの利益を出すことも可能になります。

では、どうすれば従業員の人たちにそのような状態になってもらえるのでしょうか。どうすれば、モチベーションを高められるのでしょうか。組織の中の個人や集団を対象として分析する「ミクロ組織論」の中でも、第5章で説明したリーダーシップと並んで、このモチベーションについては、古くから多くの研究者によって議論さ

れ、研究されてきた重要なトピックです。

本章では、モチベーションに関する代表的な理論や考え方として、「欲求五段階説」や「X理論・Y理論」、「二要因理論」といった初期の理論と、それらをベースとしてより企業の現場で使いやすく具体的に考えられた、「職務特性モデル」や「目標設定理論」といった現代の理論を紹介していきます。

初期の理論

- 欲求五段階説
- X理論・Y理論
- 二要因理論

現代の理論

- 職務特性モデル
- 目標設定理論

6

6-1 欲求五段階説

最初に紹介するのは、アブラハム・マズローの「欲求五段階説[1]」です。これは、人間の欲求は図6-1のような階層構造になっていて、下から上に向かって順番に満たされていくという考え方です。

階層の最も下に位置する「生理的欲求」とは、食べる、飲む、寝るといった、生きていくために必要な身体的・本能的な欲求を意味しています。もしこれらの欲求が満たされていないとすると、命を失う危機もありますから、その他のより上位の欲求どころではありません。したがって、まずこれらの生理的欲求を満たそうと、人間は行動するはずです。

そしてその生理的欲求が満たされると、次に人間が満たそうとす

図6-1 欲求の階層構造

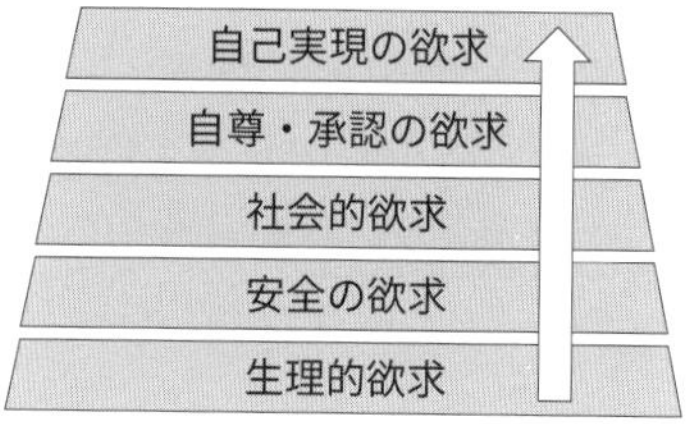

出典：筆者作成

るのが、着るものや住む場所を確保したい、精神的・感情的な危害から守られて安心したいといった「安全の欲求」です。おそらく、この本を読んでいただいているみなさんは大丈夫だと思いますが、世界にはまだ、残念ながらこれら低位の欲求が十分に満たされず、それを満たすために行動し、働いている人たちもいます。

このような低位の欲求が満たされると、次に人間は、どこかの集団に所属したい、友人がほしいといった「社会的欲求」を満たそうと行動します。衣食住が確保できていたとしても、人間にとって孤独であることはやはり辛いですよね。さらに、その社会的欲求が満たされると、単に誰かとつながっているだけではなく、誰かに認められたい、他人よりも優れていたいと言った「自尊・承認の欲求」が出てきます。たとえば会社の中では、どこかのチームの一員となりたい、会社に必要とされたい、上司や同僚に認められたい、他の同期入社社員よりも出世したいといったことが、個人の行動の誘因になることも多いでしょう。また最近では、SNSでさまざまな人とつながり、その中でイイネをもらうことで、これらの欲求を日常的に手軽に満たすことができるようになっているかもしれませんね。

そして、欲求五段階説における欲求階層の最も高位に位置するのが「自己実現の欲求」です。これは、もっと自分らしくありたい、自分の潜在的な能力を可能な限り発揮したいという欲求で、他のより低位の欲求とは質的に異なり、行動によって何らかの報酬を得るのではなく、行動そのものを目的とする動機づけです。重要なのは、この自己実現の欲求は満たされることがなく、継続的にモチベーションを高める要因であり続けるということです。

このように欲求五段階説では、人間は低位の欲求が欠乏・不足していると、それを満たすために行動し、それが充足されるとより高位の欲求に関心を持つようになり、究極的には自己実現の欲求を継続的に追及していくと考えます。ここで重要なのは、満たされてしまった欲求は、新たな行動を起こすための誘因にはならないということです。つまり、低位の欲求は継続的にモチベーションを高める要因とはなりません。

マズローはこの考え方を1940年代に最初に提示しましたが、その後、この考え方はあまりにも単純で現実性がないと批判されることもしばしばありました。しかし、その根本的な考え方である「人間性重視」の視点は、その後のモチベーションに関する考え方に大きな影響を及ぼしたと言えるでしょう。

6-2 X理論・Y理論

欲求五段階説における「人間性重視」の視点は、ダグラス・マクレガーの「X理論・Y理論[2)]」にも反映されています。この理論は、上司やリーダーがその部下やメンバーをどのような存在だと考えるのかという「人間観」と、それによって上司やリーダーがどのようなスタンスでそれらの人々を管理するかということに関連しています。

X理論的人間観

- 仕事が嫌い
- 野心を持たない
- 責任を回避する
- 命令される方を好む

Ｙ理論的人間観

- 自ら目標を立てて行動する
- 仕事を通じて達成感や自己実現を求める

上に示したように、Ｘ理論的な人間観では「人間というのは仕事が嫌いで、野心を持たず、できるだけ責任を取りたくないし、自ら考えて動くよりも命令される方を好むものだ」というように考えます。たとえば、このようなＸ理論的人間観を上司やリーダーが持った場合、その上司やリーダーは「目を離すと部下はサボる」と考えて、細かく行動を管理もしくは監視しようとするかもしれません。また「働かないと給与を出さない」、「働かなければクビにする」という脅威を与え、欲求五段階説におけるより低位の欲求を刺激することによって部下を動かそうとすると考えられます。

それに対して、Ｙ理論的な人間観では「人間というのは仕事を楽しむことができ、自ら目標を立てて行動し、また仕事を通じて達成感や自己実現を求めるものだ」というように考えます。このようなＹ理論的人間観を持つ上司やリーダーは、部下になるべく仕事を任せ、自分の仕事を自分で管理させ、やりがいのある仕事、達成感を得られる仕事を与えることによって、モチベーションを高めようとするかもしれません。つまり、欲求五段階説におけるより高位の欲求を刺激することによって部下を動かそうとするのではないでしょうか。

このように、どちらの人間観を持つかによって、上司やリーダーによる管理のやり方も変わってしまいますが、日本はもちろん多くの国において生活水準が向上し、生理的欲求や安全欲求といった低位の欲求が満たされている社会において、Ｘ理論的な人間観による管理では、部下のモチベーションを高めることは難しいでしょう。それよりも、社会的欲求、自尊・承認の欲求、そして自己実現の欲求といった高位の欲求を刺激するＹ理論的な人間観による管理が、モチベーションを高めるうえで有効となるのではないでしょうか。

6-3 二要因理論

欲求五段階説やX理論・Y理論にも見られたより高位の欲求を重視する考え方は、モチベーションに関する初期の理論である、フレデリック・ハーズバーグの「二要因理論[3]」にも共通して見られます。この二要因理論の基本的な考え方は、「仕事において不満足を引き起こす要因と、満足を引き起こしてモチベーションを高める要因は異なる」というものです。少し詳しく説明していきましょう。

従来の考え方、そしておそらく今でも多くの人が感覚的に持っている考え方は、「満足の反対は不満足」というものでしょう。当たり前のように思われるこの考え方に疑問を持ったのが、ハーズバーグです。彼は企業の従業員に対する大規模なアンケート調査を実施し、給与や人間関係、職場環境、仕事の達成感、責任、仕事のやりがいといったさまざまな項目について、どの項目を重視しているかを聞き出しました。その結果、仕事に満足している人が重視している項目と、仕事に不満を感じている人が重視している項目が、必ずしも一致しないということを発見しました。

この結果からハーズバーグは、図6-2のように、満足と不満足は必ずしも反対のものではなく、「満足」の反対は「満足ではない」という状態であり、「不満足」の反対は「不満足ではない」という状態なのではないかと考えました。そして、仕事の満足に影響を与える要因と、仕事の不満足に影響を与える要因は異なるのではないかと考えたのです。

そこからハーズバーグは、仕事において不満足を引き起こす要因に「衛生要因」、満足を引き起こし、モチベーションを高める要因に「動機づけ要因」という名前を付け、それぞれ重要な要因を次のように整理しました。

図6-2　従来の考え方と二要因理論の考え方

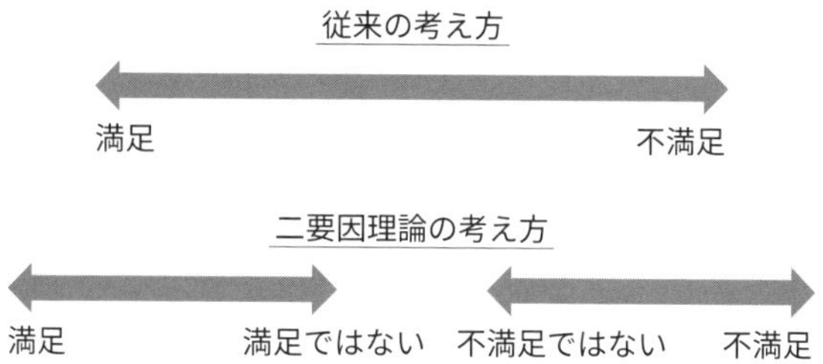

出典：筆者作成

衛生要因

- 給与
- 人間関係
- 職場環境　etc.

⇨　不満足を引き起こす

動機づけ要因

- 仕事における達成感
- 承認・責任
- 仕事のやりがい　etc.

⇨　満足を引き起こし、モチベーションを高める

仕事において衛生要因が不十分だと感じると人は不満を持ってしまうので、もちろんこれを解消してあげることが必要です。しかし、この衛生要因を解消するだけでは必ずしも満足は得られず、モチベーションも上がりません。給与に対する不満を解消してあげても、満足感やモチベーションにつながるわけではないということです。

一方で、動機づけ要因を満たすことによって不満を解消することはできませんが、これらの要因は仕事において満足を引き起こし、モチベーションを高めるための重要な要因です。欲求五段階説における自尊・承認の欲求や自己実現の欲求といった高位の欲求に関連する、達成感や承認、責任、仕事のやりがいといった要因を刺激し、満たしてあげることで、人は仕事において満足し、モチベーションを高めることができるということです。

このように、これら2つの要因は独立しており、したがって企業においては、衛生要因を整備して不満を取り除くとともに、それとは別に、動機づけ要因にさらに配慮して刺激してあげることで、従業員のモチベーションを高めていくことが重要となるのです。

6-4 職務特性モデル

上記のようなモチベーションに関する初期の理論をベースとして、より具体的かつ実践的に使いやすく改良されていったのが、現代の理論です。たとえば「職務特性モデル」は、仕事に対する従業員のモチベーションを高めるために、彼らの仕事をどのように設計するか、どんな仕事を与えることでやる気を出して働いてもらえるのかを考えたものです。そこには、欲求五段階説における人間性重視の高位の欲求や、Y理論的な人間観、そして二要因理論における動機づけ要因の考え方が反映されています。

ここで「職務」とは、さまざまな仕事を組み合わせたものだと考えてください。では、従業員がやる気になる職務とは、どんなものでしょうか？　職務特性モデルでは、以下のような特性を持つ職務を設計してあげることで、従業員のモチベーションが高まると考えます。

- スキルの多様性
- 職務の一貫性
- 職務の重要性
- 自律性
- フィードバック

まず、職務の遂行に多様なスキルが必要で、かつその職務に一貫性があり、重要性が高い場合、従業員は「やりがい」を感じることができます。1つのスキルだけで完了できてしまうような単純な職務よりも、多様なスキルが必要となる複雑な職務の方が、面白いと感じることができるでしょう。また、1つ1つの作業がバラバラに分割されて、自身が担当している作業が何のための作業なのか分からないような職務よりも、仕事の全体像が見えて、自身がそこにより広く関わることのできる職務の方が、仕事の意味をより感じることができるでしょう。さらに、与えられた職務が会社にとって、もしくは社会にとって重要であると感じることができれば、自分がそこに貢献できるということに楽しさや嬉しさを感じるのではないでしょうか。このような職務に対して従業員は「やりがい」を感じ、それによってモチベーションが高まると考えられます。

そして、職務の自律性が高いというのは、やり方をすべて指示されるのではなく、その職務をどのように遂行するかを自身で考えて、工夫しながら進めることができるということです。そのための権限を与えられ、同時に責任も与えられるので、「責任感」を持って仕事に取り組むことができます。また、そのように自身で考えて工夫しながら遂行している職務に対して、適切なフィードバックが与えられれば、仕事の成果を実感し、「達成感」を得ることもできます。前述した「やりがい」や「責任感」、「達成感」は、いずれも二要因理論における動機づけ要因に該当するものであり、より高位の欲求を刺激するような職務を設計し、従業員に与えることによって、彼らのモチベーションを高めることができるというのが、職務特性モデルの基本的な考え方です。

6-5 目標設定理論

職務の設計という視点から仕事におけるモチベーションを高める方法を考えた職務特性モデルに対して、「目標」という視点から人のモチベーションを高める方法を考えたのが「目標設定理論」です。目標はないよりもあった方がいいというのは、みなさんも感覚的に分かると思いますが、では、目標をより高いモチベーションに結びつけるためには、どうすれば良いのでしょうか？　目標設定理論によると、重要なポイントは以下のとおりです。

- 明確で困難な目標
- 目標に対する納得（目標設定への関与）
- 達成方法のコントロール（自律性）
- 目標の公表
- 自己効力感
- フィードバック

まず、どんな目標を立てるかということですが、目標が「とにかく頑張る」とか「ベストを尽くす」といった曖昧なものだったり、すぐに達成できる容易なものだったりすると、その目標によってモチベーションを高めるのは難しいでしょう。目指すところが「明確」で、適度に「困難」なやりがいのある目標であれば、具体的に「努力」してみようという気持ちになるはずです。ただし、一方的に困難な目標を押しつけられるのではなく、「自分自身で目標を設定」したり、「目標設定に関与」したりして「納得」することも重要です。

さらに、その目標を達成するための具体的方法やプロセスを考えて工夫しながら「自分自身でコントロール」することも重要です。

誰かに細かく指示されて、自分では何も決められずに言われたとおりにやるだけという状態では、自ら積極的に努力しようという気持ちが削がれてしまうかもしれません。そして、その設定した目標を達成するための努力を後押しするために、目標を自分の中にだけ閉じ込めておかずに「公表」することも有効です。家族や友人に宣言したり、見える場所にその目標を書いた紙を貼っておいたりすることで、達成しなきゃという気持ちが高まり、努力しようと思えるでしょう。

このように、明確で困難な目標に納得し、自ら具体的に努力しようと思える状態ができると、目標は高いモチベーションに結びつきます。しかし、この高いモチベーションを目標達成までの長いプロセスの中でずっと維持するのは、それほど簡単ではありません。最初はやる気満々で努力していても、ダイエットのようになかなか成果が出なかったりすると、気持ちが折れて途中で諦めてしまうこともあるでしょう。そのような時にもモチベーションを維持するために必要なのが、「自己効力感」と「フィードバック」です。

自己効力感とは、自分には何かを達成できる能力があると信じている気持ちのことです。自信と言っても良いですが、この自己効力感が低いと、困難な状況に直面した時に、やっぱりだめだと諦めて努力をやめてしまう可能性が高くなってしまいます。一方で自己効力感の高い人は、自分は目標を達成できると信じていますから、困難な状況に直面しても努力を続けることが可能になります。

そしてフィードバックは、職務特性モデルでも出てきましたが、努力が成果にどの程度結びついているのかを理解し、達成感を得て、モチベーションを維持するために必要です。フィードバックがなければ、目標にどれだけ近づいているのか、自分のしている努力に意味があるのかと不安に思ってしまいます。したがって、しっかりと目標に向かっていること、努力が成果に結びついていること、努力の方向が間違っているのなら修正する必要があることを、本人が認識できるように工夫してあげる必要があるでしょう。

このように、目標設定理論にも、人間は自らやりがいのある目標を設定し、それを達成することで、仕事を楽しみ、モチベーションを高めることができるという、初期の理論に見られた人間性重視の視点が反映されています。この目標設定理論は、自身で目標を設定し、自らモチベーションを高める際にも使いやすいと思いますので、ぜひ参考にしてみてください。

6-6 第6章のまとめ

本章では、モチベーションとは何か、とりわけ仕事に対するモチベーションがどのように高められるのかについて、さまざまな理論や考え方を紹介してきました。前述のとおり、リーダーシップと並んで、このモチベーションについては、古くから多くの研究者によって議論され、研究されてきた重要なトピックです。ここで紹介したもの以外にも、さまざまな理論や考え方が蓄積されており、また時代に合わせて新しい考え方が生み出されたりしています。しかし、なんとなく聞こえの良い言葉を並べただけのものも中にはありますので、ベースとなる理論や考え方をしっかりと理解したうえで自身に合ったものを学んでみてください。

注

1） A.H.マズロー『（改訂新版）人間性の心理学―モチベーションとパーソナリティ』（小口忠彦 訳）産能大出版部（1987年）。

2） D.マクレガー『（新版）企業の人間的側面―統合と自己統制による経営』（高橋達男 訳）産業能率短期大学出版部（1970年）。

3） F.ハーズバーグ『仕事と人間性：動機づけ―衛生理論の新展開』（北野利信 訳）東洋経済新報社（1968年）。

演 習

1 最初に書き出してもらった「やる気が出る時／失う時」のリストと、本章で学んでもらったモチベーションに関するさまざまな理論や考え方を照らし合わせて、自分自身のモチベーションを高める要因がそれらの理論や考え方で説明できるか考えてみてください。

2 勉強でも仕事でも何でも構いませんので、今頑張っていること、これから頑張らなきゃいけないことにおいて、どのように自身のモチベーションを高めていけばいいか、本章で学んだ理論や考え方を参考にしながら、具体的な方法を考えてください。

第7章

戦略の基本と環境の分析

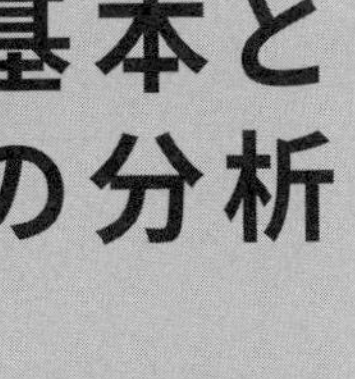

7-1 経営戦略とは？

経営戦略とは、簡単に言うと「企業がその目的を達成するために実行できるさまざまなアクション」のことです。そして、企業にとって重要な目的は、第1章でも説明したとおり、お客さんに少しでも多くの「価値」を提供して、喜んで買ってもらい、その結果として「利益」を得ることです。

企業がその「利益」を得るためのアクションは、次のような4つのタイプに大きく分けることができます。

①　費用（コスト）を下げる
②　より良い製品／サービスを作って高い価格で買ってもらう
③　既存の市場でより多く販売する
④　新しい市場に参入する（新規参入）

上記の①および②については、すでに第1章でも説明しましたが、できるだけ少ないインプットで、できるだけ多くのアウトプットを出すという話です。利益はアウトプットである売上からインプットである費用を引いたものですから、費用を下げる（①）ことができれば、売上が同じでも利益を増やすことができます。また、費用が同じでも、もしくは費用が少しくらい多くかかっても、他社より優れた製品やサービスを提供することができれば、お客さんは高い価格でも喜んで買ってくれるでしょう（②）。それによって、企業はより多くの売上を得ることができ、結果としてより多くの利益を得ることができます。どれくらい効率よく利益を上げているかを意味するものとして「収益性」という言葉がありますが、①と②は正に収益性を高めるためのアクションと表現することもできます。

一方で③および④は、収益性というよりも、「収益の規模」を拡大するためのアクションです。収益性が同じであっても、より多くのお客さんに製品やサービスを買ってもらうことができれば、より多くの利益を得ることができます。③は、今やっているビジネスで、より多くのお客さんに製品やサービスを買ってもらうということで、④はビジネスを拡大し、新しいビジネスに進出して新しいお客さんに製品やサービスを買ってもらうということです。

7-2 環境分析の重要性

では、企業は具体的にどのようなアクション（戦略）によって、収益性を高めたり、収益の規模を拡大したりすれば良いのでしょうか？　企業は、その組織の中のさまざまなレベル（経営陣、事業部門、機能別部門）において、より多くの収益を得るための具体的なアクションを考えなければなりません。

しかし、企業がそれらの具体的なアクションを考えるためには、まず自身が置かれている環境をしっかりと分析し、明確にしなければなりません。自社のビジネスが属している産業がどのような状況にあるのか、そこにはどんなチャンスがあり、どんな危険や困難が迫っているのか、その中で他のライバル企業と戦っていくうえで、自社はどんな武器を持っているのか、といったことを把握したうえで、上記の①～④をベースとして、具体的な戦略を立てる必要があるのです。

本章ではこれから、企業の収益、そしてその収益を得るための具体的な戦略に大きな影響を与える「外部環境（企業を取り囲んでいる外の環境）」と「内部環境（企業の内側の状況）」について説明します。そのうえで、続く第8章ではそれらの環境の分析をふまえた具体的な戦略について、みなさんと一緒に考えながら議論していきたいと思います。

7-3 外部環境の分析

これからお話ししていく「外部環境の分析」は、ある事業（ビジネス）を取り巻く環境が魅力的なものかどうか（儲けやすい環境か／儲けにくい環境か）、そこにどんな機会（チャンス）があり、どんな脅威があるのかを、さまざまな視点から考えていくものです。ある事業が置かれている環境を分析することは、その事業を行うべきか、やめるべきか、そこにどれだけ資源を投入すべきかを企業として判断するためにも必要ですし、個々の事業において利益を圧迫している（儲けにくくなっている）原因が何かを明らかにして、それに対応するためにも必要です。

では、まず図7-1を見てください。これは、さまざまな産業についてその「儲けやすさ／儲けにくさ」を比べるために、各産業に属する企業の総資本営業利益率の平均値が大きい産業から順番に並べたものです。ちなみに、総資本営業利益率とは、投入された資本（お金）に対して本業のビジネスでどれだけ利益を出したかを見る指標で、企業の総合的な収益性を判断するための尺度の1つです。

上の方にある産業、たとえば情報通信業や職業紹介・労働派遣業、化学製品といった産業は利益率が高く、平均的に「儲けやすい」産業、もしくは儲かっている企業が多い産業と言えます。一方で、下の方にある産業、たとえば繊維製品や電気業、水運業は、平均的に「儲けにくい」産業、もしくはあまり儲かっていない企業が多い産業と言えますね。ちなみに、農林水産業は利益率がマイナスの企業が多く、かなり儲けるのが難しい産業となってしまっています。

興味深いのは、たとえば「化学製品」は儲かっているのに「繊維製品」はあまり儲かっていなかったり、「情報通信業」は儲かっているのに「情報通信機械器具製造業」はあまり儲かっていなかっ

図7-1 産業別総資本営業利益率(2008～2018年の平均値)

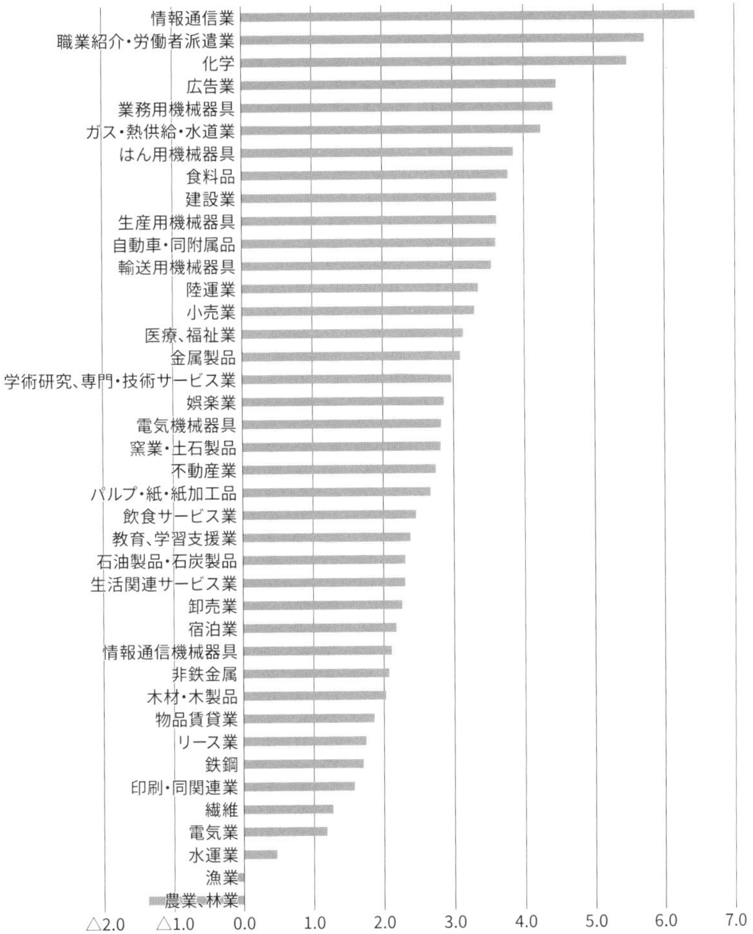

出典：法人企業統計調査（財務省）より筆者作成

たりと、なんとなく似たような産業でも、それぞれのビジネスの「儲けやすさ」が結構違うということです。では、儲かっている（儲けやすい）産業と儲かっていない（儲けにくい）産業は、何が違うのでしょうか？　その「儲けやすさ」の違いには、どんな要因が影響を与えているのでしょうか？

7-4 5つの競争要因

このような、産業ごとの「儲けやすさ／儲けにくさ」を分析する代表的なツールが、マイケル・ポーターの「5つの競争要因(ファイブフォース)[1]」です。このツールの基本的な考え方は、なるべく競争しなくてもいい産業でビジネスを行えば、余計なコストもかからず、楽に利益を獲得できるというものです。逆に競争の激しい産業でビジネスを行えば、当然ながら厳しい状況を覚悟しなければならないということになります。つまり、産業ごとの「儲けやすさ／儲けにくさ」を決めるのは、いろんな意味での競争の激しさであり、その競争の激しさに影響を与える重要な要因を、

- 競合の脅威
- 新規参入の脅威
- 代替品の脅威
- 売り手の交渉力
- 買い手の競争力

という5つの視点から分析していきます。

▶競合の脅威

最初に「競合の脅威」から説明します。これは、その産業内でライバル企業同士が激しく競争していると儲けにくくなり、そのような競争があまり激しくなければ儲けやすくなるというものです。

では、なぜライバル企業間の競争が激しいと儲けにくくなるのでしょうか？

まず、ライバル企業よりもたくさん製品／サービスを買ってもらうためには、価格をより低く設定しなければならないかもしれません。しかし、価格を低くしてしまうと、その分、売上は減ってしまいます。また、新しい製品／サービスをどんどん開発して市場に投入しなければ、ライバル企業にお客さんを奪われるかもしれません。さらに、少しでもたくさん買ってもらったり、ライバル企業からお客さんを奪ったりするためには、大規模な広告を出すことも必要になるでしょう。当然ながら、これらの活動には多くの費用がかかります。すでに何度も説明したとおり、売上が減って、費用が増えれば、利益は減りますね。

それでは、どういう場合にライバル企業間の競争が激しくなるのでしょうか？

ライバル企業同士の競争が激しくなってしまうのは、たとえば、それらの企業がターゲットにしている「市場の成長スピードが遅い」場合です。市場が拡大している（新しいお客さんがどんどん増えている）時は、企業はその新しいお客さんを相手にすることで売上を増やしていくことができます。しかし、市場が成熟して成長スピードが遅くなってくる（新しいお客さんが増えなくなってくる）と、それでも企業が自社の売上を増やしていくためには、他社のお客さんを奪わなければならなくなります。

また、「同じような規模や実力の企業がたくさんいる」場合にも、ライバル企業間の競争は激しくなります。企業間の規模や実力に差がないような場合、どの企業にも勝つチャンスがありますから、みんなで激しく競争することになってしまいます。逆に、少数の大きな企業が市場を支配しているような場合、小さな企業は大きな企業にわざわざ負け戦を仕掛けようとは思わないでしょうし、大きな企業の方は安定した収入を得られているので、わざわざ自分から費用

7

のかかる激しい競争を仕掛けようとはしないでしょう。

さらに、製品やサービスの「差別化が困難」な場合にも、ライバル企業同士は激しく競争しなければならなくなります。差別化が困難というのは、つまり、お客さんから見るとどの製品やサービスにも違いがないということですから、そうなると企業は価格を下げて競争するしかなくなりますね。ちなみに、最近は多くの製品で差別化が困難になってしまっています。たとえば、パソコン、デジタルカメラ、家電製品など、各企業がさまざまな工夫をして性能を向上させ、いろんな機能を追加していますが、残念ながらそのほとんどは差別化につながらず、多くの企業がライバル企業同士の価格競争に苦しめられてしまっています。

では、先の図7-1（産業ごとの儲けやすさ／儲けにくさ）にあった「職業紹介・労働者派遣業」がなぜ儲けやすい産業となっているのかを、これらの視点から考えてみてください。

国内の景気が回復し、少子高齢化によって人材が不足し、さらに企業が正社員よりも柔軟に雇用できる派遣社員を重視するようになっていることで、人材紹介や人材派遣を行う企業への求人がどんどん増えています。つまり、市場が拡大し新たなお客さんが増えているため、企業は無理に他社のお客さんを奪いに行かなくても、新しいお客さんを開拓することで成長を維持することができます。また、この市場は大手の三社（リクルート／テンプスタッフ／パソナ）だけで7割近い市場シェアを占めているので、大手企業と中小企業の規模や実力の差が大きいと言えます。さらに、大手企業はブランドや人材の豊富さで差別化できる一方で、小さな企業でもたとえば特殊なスキルや技術を持った人材の派遣に特化する等、派遣する人材のタイプやスキルによって比較的差別化しやすいため、企業ごとに棲み分けをして激しい競争を避けることも可能だと言えるかもしれません。

▶新規参入の脅威

産業ごとの儲けやすさ／儲けにくさに影響を与える第二の要因として紹介するのは、「新規参入の脅威」です。新規参入とは、企業がそれまで手を付けていなかった新しいビジネスを開始することですが、それによって産業側から見ると、新しい企業が増えて、その分、競争が激しくなることを意味します。競争が激しくなれば、上で説明してきたとおり、利益を出すことが難しくなってしまいますね。

企業がある産業に新規参入しようとするのは、7-1でも説明したとおり、新しくビジネスを始めることで、収益を拡大できるからです。つまり、そこに参入することで利益が得られることを期待しているからです。しかし、新しくビジネスを始めるためには、当然ながら、さまざまな費用がかかります。したがって、新規参入するために必要な費用が、参入によって得られる潜在的な利益よりも大きい場合（つまり参入しても儲からない場合）には、当然ながら新規参入は起こらず、既存の企業にとって新規参入は自分たちの利益を脅かすものにはなりません。この、新規参入するために必要な費用の大きさを決めるのが、さまざまな「参入障壁」です。

7

では、ある産業にとってどんなものが参入障壁になりうるでしょうか？　新規参入しにくい産業とは、どんな産業でしょうか？

まず、参入しにくい産業の第一の特徴として挙げられるのが、「規制」の存在です。たとえば、電気・ガス・水道のような産業や、金融、通信、医療など、政府が国としてしっかりコントロールしたい産業については、ビジネスを始めるのに免許が必要であったり、経営を厳しく監督されたりします。それに対応するためには費用もかかりますし、そもそも免許を与える企業数が限られているため参入できないということも多いでしょう。

また、厳しい参入規制がなくても、その産業でビジネスを始めるために莫大な「初期投資」が必要になるような場合は、それも参入障壁になります。自身の知識とパソコンが1台あれば始められるようなビジネスであれば、初期投資もほとんど必要なく参入できますが、大規模な施設や設備を自社で持つことが必要になるようなビジネスを始めるためには、その分の初期投資が必要になりますし、初期投資の額が大きければそれを回収する（投資した分の利益を出す）のも大変です。

その他にも、すでにその産業でビジネスを行っている企業は、新規参入企業に対してさまざまな優位性を持っていることも多く、そのような「既存企業の優位性」がある場合も、新規参入に必要な費用が大きくなってしまいます。たとえば、既存企業が長年の努力によって築き上げた「ブランド」や「技術・ノウハウ」といったものは、新規参入の企業が簡単に真似することができません。また、重要な原材料（インプット）の供給元や、そのビジネスを行ううえで有利な場所（立地）を既存企業がすでに抑えてしまっているような場合には、新規参入企業はそれらを低コストで入手することが困難になり、したがって得られる利益も減ってしまいます。

では、「職業紹介・労働者派遣業」について、新規参入が既存企業にとって脅威になっているかどうか、どんな参入障壁があるか、上記の視点で考えてみてください。

職業紹介・労働者派遣業は、厚生労働省の許可をもらわないと開業（参入）できません。つまり規制がありますが、その許可をもらうこと自体はそれほど難しくありません。しかし、既存の大手企業のブランドが非常に強く、人材を探している顧客企業はどうしても大手企業を選びやすいため、新規参入企業がそれに対抗しようとすると、広告費をはじめとしてかなり大きな費用が必要になるでしょう。また、大手企業が派遣先や紹介先の企業の多くを抑えてしまっていると、労働者派遣業のビジネスにとって最も重要なインプットである労働者（求職者）も、当然ながら登録先として大手の企業を選ぶようになります。したがって、職業紹介・労働者派遣業は、少なくとも既存の大手企業とってては、それほど新規参入が脅威にならず、比較的儲けやすい産業と言えるかもしれません。

▶代替品の脅威

産業ごとの儲けやすさ・儲けにくさに影響を与える要因として次に説明するのが、「代替品の脅威」です。代替品とは、同一のニーズを異なる方法で満たす製品／サービスで、たとえば「ある程度の距離を早く快適に移動したい」というニーズを満たそうとする自動車にとっては、バス、電車、飛行機といったものが代替品として考えられます。音楽CDにとってのデジタル音楽配信サービスなども、「好きな音楽を聞きたい」というニーズを満たす代替品になりますね。みなさんの身の回りにもさまざまな代替品があると思いますので、少し考えてみてください。

このような代替品が存在すると、直接のライバル企業同士だけでなく、代替品を提供する企業とも競争しなければならなくなり、それによってやはり儲けにくくなってしまいます。極端な場合には、代替品によってある産業の製品やサービスが完全に置き換えられてしまうこともあります。音楽を聴くメディアとしてのアナログレコードやカセットテープはCDにほぼ完全に置き換えられましたし、現在そのCDはデジタル音楽配信サービスにほぼ置き換えられようとしています。いずれにしても、企業は直接競合しているライバルの製品やサービスだけでなく、自分たちとは異なる方法で同じニーズを満たそうとしているものがないかということも考えなければいけません。

では、「職業紹介・労働者派遣業」が提供しているサービスの代替品としては、どんなものが考えられるでしょうか？　それらは同産業の企業にとって脅威となりうるものでしょうか？

職業紹介・労働者派遣業が顧客に提供しているサービスは、簡単に言うと、働いてくれる人を探している企業に、仕事を探している人を紹介するというものですね。それによって、企業は人材不足を解消し、ビジネスを進めることができます。そのようなサービスの代替品になりそうなものには何があるでしょうか？　たとえば、企業が人材不足を、人ではなく機械やコンピュータを導入することで解消しようとしてしまうと、上記のサービスは不要になってしまいますね。したがって、それらの機械やコンピュータ、これからはAI（人工知能）なども、潜在的には職業紹介・労働者派遣業の代替品となるかもしれません。とは言え、少なくとも今のところは、やはり人がやらなければいけない仕事も多く、それらの代替品はそれほど大きな脅威にはなっていないようにも思えますが、いかがでしょうか？

▶売り手の交渉力

産業ごとの儲けやすさ／儲けにくさに影響を与える5つの要因のうちの4つ目として紹介するのは、「売り手の交渉力」です。売り手とは、企業がビジネスを行ううえで必要なさまざまなインプットを提供してくれる人や組織のことですが、重要なインプットの提供者として交渉力の強い売り手が存在すると、企業は儲けにくくなってしまいます。なぜなら、その強い売り手は、交渉によって提供するインプットを少しでも高く売ろうとするでしょうし、買い手である企業の要求に合うようなものを手頃な価格で提供してもらえない可能性があるからです。そうなると、インプットの費用は高くなり、結果として利益も減ってしまいます。

では、どのような場合に売り手の交渉力は強くなるでしょうか？　交渉力の強い売り手とは、どんな売り手でしょうか？

売り手の交渉力が強くなる条件には、いくつかありますが、まず、買い手の数に比べて「売り手の数が少ない」場合には、しばしば売り手の交渉力が強くなります。オークションで、買いたい人がたくさんいるレアな商品を、一人の売り手だけが出品している場合、その売り手はかなり強気な価格を設定できるはずですよね。逆に、買いたい人があまりいない商品を、たくさんの売り手が出品していたとしたら、それらの売り手はどんどん価格を下げないと買ってもらえないということになります。

同様に、売り手が提供してくれるインプットが「ユニークで代替品がない」という場合にも、売り手の交渉力が強くなります。上と同じような話になりますが、その売り手からしか入手できないインプットで、他に代わりになるようなものがない場合、買い手には他に選択肢がないのですから、売り手は強気の交渉をしやすくなります。

それらに加えて、「売り手にとって買い手が重要な顧客でない」場合にも、売り手の交渉力は強くなります。買い手が重要な顧客でないというのは、たとえば、売り手の製品／サービスを買ってくれる取引相手がたくさんいるため、1つ1つの買い手が占める割合は小さくて、売り手側の売上への影響も小さいという状況です。そのような状況では、一人の買い手が「もっと安くしてくれないと買わないぞ」と強気の交渉をしようとしても、「それなら他の人に買ってもらうから大丈夫です」と、相手にされません。

これらの条件を考えると、パソコンメーカーにとってのマイクロソフトやインテルといった企業や、テレビ番組の制作会社にとってのジャニーズ事務所や吉本興業といった企業は、交渉力の強い売り手と言えるかもしれませんね。他にもいろんな例で売り手と買い手の関係を考えてみてもらえると、具体的に理解できると思いますので、ぜひやってみてください。

では、「職業紹介・労働者派遣業」にとって重要な売り手は誰でしょうか？　その売り手の交渉力は強いでしょうか？　それとも弱いでしょうか？

職業紹介・労働者派遣業において、重要なインプット、およびその供給元はもちろん、仕事を探している人たちですね。売り手であるそれらの求職者（働きたい人）は比較的豊富にいるうえに、残念ながらそれらの求職者の多くはユニークではなく、他の人でも代替できてしまうため、求職者側の交渉力は非常に弱いと言えます。そうなると、企業側はその人たちと給与（企業にとっては費用）や労働条件の交渉をする際にも強気になることができ、結果としてインプットの費用を節約できるということになります。もちろん、代えのきかないユニークなスキルを持った求職者であれば、売り手として強気の交渉をして、高い給与や労働条件を得ることができるでしょう。

▶買い手の交渉力

産業ごとの儲けやすさ／儲けにくさに影響を与える5つの要因の最後は、「買い手の交渉力」です。買い手というのはつまりお客さんですが、交渉力の強い買い手が存在すると、その買い手には「もっと安くしてくれないと買わない」とか「もっと品質を上げてくれないと買わない」という感じで、強気の交渉をされる可能性が高くなります。そうなると、安くすると売上は減りますし、品質を上げると費用がかかりますから、結果として利益は減ってしまいますね。

では、どのような場合に買い手の交渉力は強くなるでしょうか？　交渉力の強い買い手とは、どんな買い手でしょうか？

買い手の交渉力が強くなる条件については、すでに説明した売り手の交渉力が強くなる条件のほぼ裏返しです。つまり、売り手の数に比べて「買い手の数が少ない」場合、買い手の交渉力は強くなりますし、売り手が売ろうとしている製品／サービスが「ユニークでなく標準的で、他のもので代替が可能」な場合にも、買い手の交渉力は強くなります。さらに、特定の買い手との取引の規模が大きく、売り手の売上全体に占めるその買い手の割合が大きい場合には、「売り手にとって買い手が重要な顧客」となりますから、買い手は強気の交渉をして、価格を下げたり品質を上げたりするよう要求できるということになりますね。

それらに加えて、買い手であるお客さんが他社の製品やサービスに簡単に乗り換えられるような場合にも、買い手は売り手に対して「ライバル企業のサービスに乗り換えちゃいますよ」と強気に交渉できるので、買い手の交渉力は強くなります。逆に、他社の製品やサービスに乗り換えるのに手間がかかったり費用がかかったりして乗り換えるのが難しいような場合、買い手はその製品やサービスを使い続けるしかなくなってしまうので、強気の交渉はできなくなります。

たとえば、自動車メーカーと自動車部品メーカーの関係は、上記のような売り手と買い手の関係を理解するうえで分かりやすいかもしれません。自動車部品メーカーにとって、自動車メーカーは非常に交渉力の強い買い手です。特に標準的な部品を作っている部品メーカーは、常に他の部品メーカーへと取引先を変更される脅威にさらされ、もしそうなった場合、小さな部品メーカーにとっては売上のほとんどを失ってしまうかもしれません。したがって、そのような標準的な部品を作っている部品メーカーは、自動車メーカーとの取引において、価格を下げ、品質を上げなければならないプレッシャーにさらされ、大きな利益を獲得することが難しいということになってしまいます。

では、「職業紹介・労働者派遣業」にとって重要な買い手は誰でしょうか？　その買い手の交渉力は強いでしょうか？　それとも弱いでしょうか？

職業紹介・労働者派遣業において、少子高齢化による人手不足や非正規社員の活用を重視する企業の増加によって、買い手である顧客企業は増えており、したがって大手の企業はたくさんの顧客企業と取引することができるため、1つ1つの顧客企業の重要性はそれほど高くないかもしれません（もちろん大量に受け入れてもらっている顧客企業には、大きな交渉力を持たれます）。また、紹介・派遣される個々の人材が仮にそれほどユニークでなくても、顧客企業が一旦契約した派遣会社を変更するには、たくさんある派遣会社から候補になる会社を選び、必要としている仕事のスキルを説明し、交渉しながら実際に契約を結ばなければならず、それには大きな手間と費用がかかると言えるでしょう。したがって、職業紹介・労働者派遣業にとって、買い手の交渉力はそれほど脅威ではなく、この点からも比較的儲けやすい産業になっていると考えることができるかもしれません。

▶外部環境と競争要因のまとめ

以上、企業が戦略を考える際、個々の事業が置かれている外部環境を分析するために使えるツールとして、「5つの競争要因」を紹介しました。これは、産業ごとの儲けやすさ／儲けにくさが何によって決まるのか、自分たちの産業が儲けにくくなっている原因は何か、参入すべき魅力的な（儲けやすい）産業はどれか、といったことを考えるうえで、非常に役に立つツールです。ぜひみなさん自身で、身近な産業や興味のある産業の儲けやすさ／儲けにくさを分析してみてください。

7-5 内部環境の分析

さて、これまで説明してきたとおり、産業ごとに儲けやすさ／儲けにくさが異なり、結果として産業によって平均的な収益性は異なります。そして、その産業ごとの儲けやすさ／儲けにくさにはさまざまな要因が影響を与え、結果としてその産業に属する個々の企業の収益にも大きな影響を与えます。

しかし一方で、当然ながら、同じ産業の中でも儲かっている企業と儲かっていない企業があります。たとえば、図7-2は繊維製品を製造・販売する産業における代表的な企業の総資本営業利益率（直近5年間の平均）を表していますが、図7-2を見ると分かるように、他の産業と比較して平均的には収益性が低い繊維製品の産業においても、非常に収益性の高い企業は存在しますし、もちろん非常に苦しんでいる企業も存在します。

つまり、企業の収益性は、7-3および7-4で分析した産業レベルや事業レベルの外部環境だけでなく、個々の企業が持っている経営資源の量や質、そしてそれらの経営資源をどのように使って競争する

7

図7-2　繊維産業における企業別総資本営業利益率(2016～2020年の平均値)

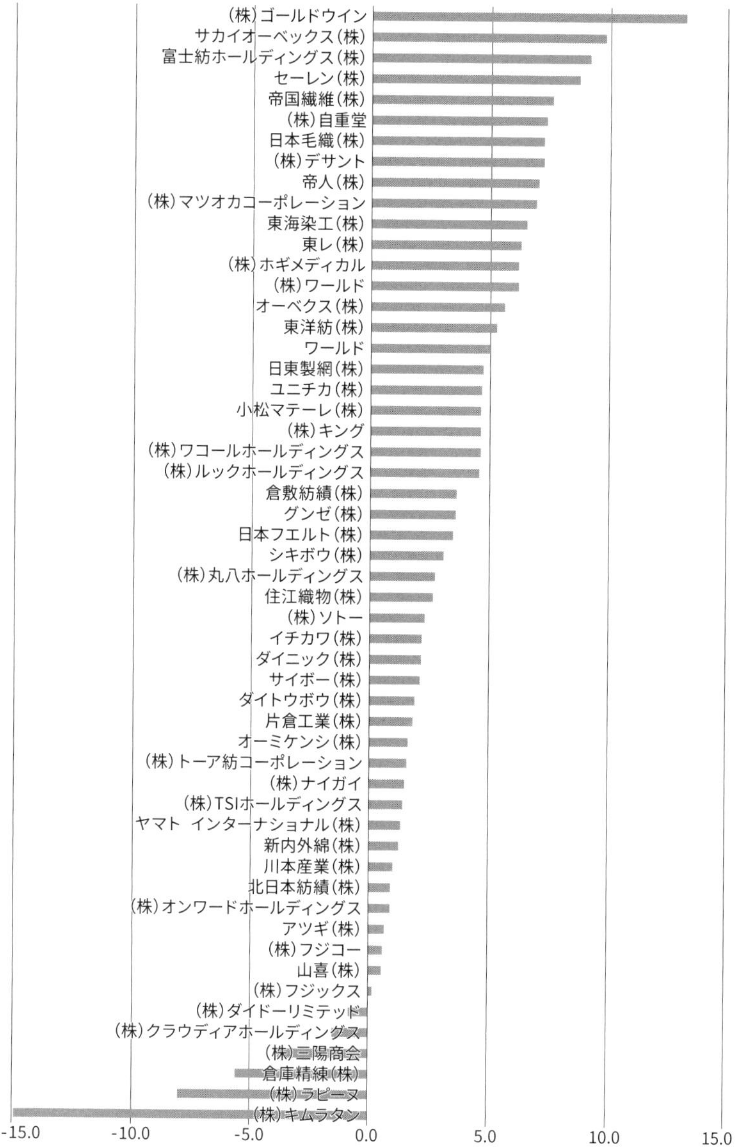

出典：各社の有価証券報告書を基に筆者作成

かという具体的な戦略によっても、大きく変わってくるということです。たしかに、個々の企業の力ではなかなか簡単には変えることができない産業レベルの構造（儲けやすさ／儲けにくさ）によって、その産業でビジネスを行う企業は行動を制約され、それによって企業の収益性も影響を受けます。しかし一方で、個々の企業が持っている固有の経営資源や能力を有効に活用することができれば、どのような厳しい環境であっても、多くの収益を得ることができるかもしれません。そのような企業の「内部環境」について、以下では特に経営資源に注目し、どのような経営資源を持っている企業が、競争で優位に立ち、より多くの収益を得ることができるのかを考えていきます。

▶経営資源と競争優位

すでに第1章で簡単に説明しましたが、企業がそのビジネスを行うために必要となるさまざまなインプットのことを、経営学では「経営資源」と呼びます。その経営資源には、

- 人的資源（ヒト）
- 物的資源（モノ）
- 財務資源（カネ）
- 情報資源（情報・知識）

といったものがあり、企業はそれらの経営資源をどこかから集めてきたり、自社で作り出したりして用意し、それをうまく組み合わせることでアウトプットである製品やサービスを顧客に提供していきます。またそれらの経営資源は、他の企業との競争で優位に立ち、生き残るための武器にもなります。

ちなみに、これらの資源が組み合わされて束になったものが「組織のケイパビリティ（能力）」であり、その中でも企業にとって中核

的な能力のことを、「コア・コンピタンス（中核的能力）」と呼びます。このような各種の資源や、その資源の束としてのケイパビリティやコア・コンピタンスをうまく活用して、企業は競争し、優位な地位を確保し、その結果として利益を獲得していかなければなりません。

▶競争優位とは

では、競争で優位に立つというのは、どういう状態になることでしょうか？　企業は他の企業との競争の中で、大きく分けると次の3つの立場もしくは状態に置かれます。

- 競争優位
- 競争均衡
- 競争劣位

「競争優位」とは、ある企業が採用している方法（戦略）がうまく機能して、顧客に評価され、経済的価値を生み出しており、そのうえで、他の企業がその方法を知らないか、知っていても同じ方法を実行できない状態のことです。たとえば日本でもiPhoneが大人気のApple社が採用しているビジネスの方法は、魅力的なハードウェアを生み出し、それを軸にしながらソフトウェアやオンライン上のサービスを組み合わせてユーザーやアプリケーションの開発者を囲い込み、熱心なファンを継続的に顧客にしていくことで大きな利益を獲得するというものです。同じように、世界中で人気のスターバックス・コーヒーは、職場でも家庭でもない第三の場所（サードプレイス）として、美味しいコーヒーと快適な場所を組み合わせたスターバックス・エクスペリエンスを顧客に提供することで、顧客に高く評価されて大きな利益を獲得しています。それらの成功している企業が利益を生み出している基本的な方法は、他の企業もだいたい分かっています。しかし、その方法をコピーしようとしても、残念ながらさまざまな理由からそれを完全に再現することはできず、したがって同じように成功することができません。この状態が、競争優位という状態です。

次に「競争均衡」とは、ある企業が採用している方法（戦略）がうまく機能して、顧客に評価され、経済的価値を生み出しているものの、他の多くの企業もその方法を理解し、同じ方法を実行できる状態です。たとえば、国内の複写機・複合機の市場では、キヤノン、リコー、ゼロックス（現・富士フイルムビジネスイノベーション）の大手三社がそれぞれ20％以上の市場シェアを持って拮抗していて、長い間その状態が続いています。複写機のビジネスにおいて、それぞれの企業が採用している方法（複写機を低価格で設置し、消耗品やメンテナンス・サービスで儲ける）は、じつはどの会社も基本的に同じであり、したがって決定的に優位に立てる企業がいない状態だと考えられます。このように、価値は生み出しているが優位に立つことが難しい状態のことを、競争均衡と言います。

それらに対して、最後の「競争劣位」というのは、ある企業が採用している方法（戦略）が、そもそも顧客に評価されず、経済的価値を生み出していない状態であり、したがって他の企業もその方法を採用しようとはしません。競争優位を確保し、他の企業よりも多くの利益を得ることが戦略の最も重要な目的ですが、複写機ビジネスのように、その産業の構造上、どうやっても1社のみで競争優位を獲得することが難しい場合もあります。その場合、企業にとっては少なくとも競争均衡を確保することが重要になります。

▶競争優位を獲得するための経営資源の条件

では、競争優位を獲得するための戦略を考えるうえで、どんな経営資源が重要になるでしょうか？　どんな経営資源があれ

ば、競争優位を獲得できるでしょうか？

企業にとって、従業員や工場、設備、原材料、資金、技術や知識といった、ヒト、モノ、カネ、情報に分類される経営資源はどれもビジネスを行うためのインプットとして重要ですが、すべての経営資源が競争優位を生み出すわけではありません。競争優位の源泉となりうる経営資源には、以下のような条件があります。

①経済的価値がある

経営資源に経済的価値があるというのは、企業がその経営資源を持っていることで、より多くの売上を得ることができたり、費用を削減できたりするということです。つまり、利益を生み出せるということですね。そもそもその経営資源が直接的にも間接的にも利益にまったく結びつかないものである場合、その経営資源は競争優位の源泉とはなりません。

②希少性がある

たとえ経営資源に経済的価値があり、それが直接的もしくは間接的に利益を生み出すものであったとしても、同じ経営資源を多くの競合他社が所有しているような場合、その経営資源は競争優位の源泉にはなりません。たとえば企業にとってパソコンは、それを持っていることでさまざまなデータを管理でき、事務作業も顧客への営業活動も効率的になり、インターネット上の情報も簡単に得ることができる、価値のある経営資源と言えます。しかし残念ながら、今ではパソコンを持っていない企業を探すことの方が難しく、つまりその経営資源はまったく希少性がないということになります。どの企業も同じようにパソコンを持っているのですから、パソコンを持つことで他社よりも優位に立つということはできませんね。

一方で、パソコンのように経済的価値があっても希少でない経営資源が、企業にとって不必要というわけでは、決してありません。経済的価値はあるけれど希少でない経営資源は、企業が競争均衡を確保するための重要な源泉となります。つまり、パソコンのように多くの企業が持っている価値ある資源は、逆にそれを持っていなければ、他の企業との競争で不利になってしまいます。そのような経営資源は、競争優位には結びつかないものの、企業が競争するうえで必要不可欠な資源だと言えます。

③模倣や代替が困難

企業が、①経済的価値があり②希少な経営資源を持っていれば、少なくとも一時的には競争優位を獲得することができるでしょう。しかし、その経営資源が簡単に真似されたり、他のもので代替されたりしてしまう場合には、その経営資源によってもたらされていた競争優位が長く続くことはありません。つまり、そのような経営資源によって持続的な競争優位を獲得することはできません。

では、真似するのが難しい資源とは、どんな資源でしょうか？

真似するのが難しい資源の特徴には、たとえば下記のようなものがあります。

- 特許で保護されている
- 真似するのに時間がかかる
- 真似するのに大きな費用がかかる
- 成果との因果関係が不明確

まず、特許等で法的に保護されている技術のような資源は、真似することが法律で禁止されていますので、真似できません。また、法律で禁止されていなかったとしても、真似しようとすると長い時間や莫大な費用がかかってしまうような場合には、真似できたとしても割に合わないため、真似することが困難となります。たとえば、何十年もの年月と多くの費用をかけて顧客からの評判を確立し、ファンを獲得してきたブランドネームなどは、まさに真似することが難しい経営資源だと言えます。

さらに、競争優位という状態について説明した際にも述べたとおり、成功した企業がそのビジネスにおいて採用している基本的な方法については、すぐに研究されて広く知られてしまいます。そしてその中で、どんな経営資源が活用されているのかも、明らかにされていきます。それらの情報を参考にしながら、多くの企業が成功した企業と同じ資源を入手もしくはコピーしようとしますが、それによって同じように成功できるほど、本当に成功している企業のビジネスは単純ではありません。

たとえば、スターバックス・コーヒーのビジネスにおける重要な経営資源は、ホスピタリティを体現できるスタッフであり、そのスタッフを育てる教育研修方法であり、快適な空間を提供する店舗やそのデザインかもしれません。しかし、それら1つ1つの資源が構築され、組み合わされ、絡み合って、相互作用しながら「スターバックス・エクスペリエンス」という顧客体験を提供し、最終的な競争優位を生み出しています。そのプロセスやメカニズムは非常に複雑であり、外部の企業が表面的にスターバックスのやり方を真似したとしても、完全にコピーすることは極めて困難でしょう。このように、個々の資源と最終的な成果との間に複雑な因果関係のメカニズムがある場合には、表面に見える経営資源だけを真似したとしても、成功企業と同様の成果を得ることはできません。

▶内部環境のまとめ

以上、企業の内部環境を分析する視点として、経営資源と競争優位について、基本的な考え方を説明してきました。話を整理すると、まず①企業の収益性は、その外部環境の状況だけでなく、その企業が持っている経営資源の量や質、そしてそれらの経営資源をどのように使って競争するかという具体的な戦略によっても、大きく変わります。そして②企業が競争優位を獲得し、多くの収益を得るための源泉となる経営資源には、「経済的価値がある」、「希少性がある」、「模倣や代替が困難」という3つの条件があります。企業はそのような経営資源を蓄積し、それを強みとし、それを武器として有効に使うことによって、厳しい外部環境の中でも他社との競争で優位に立ち、結果として大きな利益を獲得することが可能となるのです。

7-6 第7章のまとめ

本章では、企業の収益、そしてその収益を得るための具体的な戦略に大きな影響を与える「外部環境」と「内部環境」について説明しました。企業はただなんとなく戦略を考えたり、今までやってきたからと何も考えずに事業を続けたりするのではなく、自社が置かれている環境を分析し、そこにどんな機会（チャンス）があり、どんな脅威が近づいていて、その中で自社がどんな資源を持っているのか（もしくは持っていないのか）を把握したうえで、具体的な戦略（アクション）を考え、実行する必要があります。次の第8章では、それらをふまえて、企業が考えなければならない基本的な戦略について、詳しく説明していきます。

注

1） M.E.ポーター『（新訂）競争の戦略』（土岐坤・服部照夫・中辻万治 訳）ダイヤモンド社（1995年）

演　習

1 モバイル通信事業の儲けやすさ／儲けにくさを、5つの競争要因の考え方を用いて分析してください。

2 情報通信業の収益性は高いのに、情報通信機械器具を製造販売する産業の収益性が低いのはなぜでしょうか？　それらの産業における5つの競争要因について比較・分析して、その理由を説明してください。

3 自身が興味のある産業を1つ選び、その産業の儲けやすさ／儲けにくさを、5つの競争要因の考え方を用いて分析してください。

4 身近な企業を1つ選んで調査し、その企業がどのような資源を用いて競争優位を構築しているのか、またその資源が競争優位の源泉になりうるのかを、「経営資源が競争優位に結びつく3つの条件」を用いて説明してください。

第8章

さまざまなレベルの戦略

図8-1　経営戦略のレベル

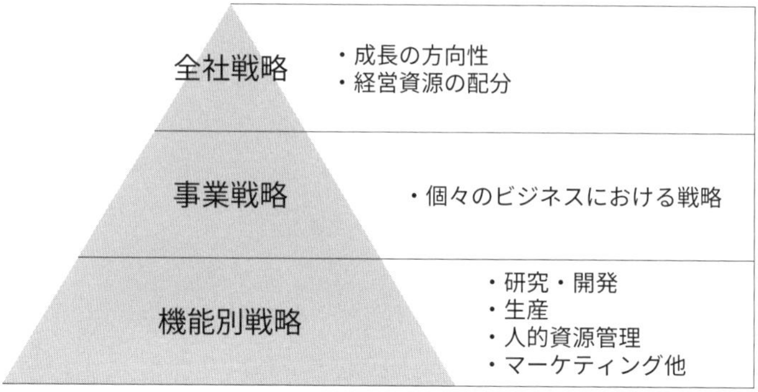

出典：筆者作成

経営戦略は、企業の意思決定レベル（組織の中のどのレベルの人が考えて決定するか）によって、大きく3つに分かれます（図8-1）。1つ目は、企業全体の方向性について、主にトップ（経営陣）が考える「全社戦略」です。そこでは、たとえば企業としてどのような領域のどのような事業を行うのか、どのような事業は行わないのか、そしてそれらの事業に限りある経営資源をどのように配分するのかといったことを検討し、決めなければなりません。

2つ目は、事業部長と呼ばれる人たちが中心になって考える「事業戦略」です。そこでは、企業が行っている個々の事業において、他社とどのように戦って利益を出していくかということを検討し、決めていきます。そして3つ目が、開発や生産、販売、マーケティングといった、実際にビジネスを進めるために必要な個々の機能をいかに効率的・効果的に進めるかという「機能別戦略」で、それぞれの機能を担当する部署の長が中心になって考えます。

以下、本章では、全社戦略として「多角化戦略」、事業戦略として「競争戦略」、機能別戦略として「マーケティング戦略」に絞って、それぞれの基本的な考え方やポイントを説明していきます。

8-1 多角化戦略

最初に紹介する「多角化戦略」は、まさに全社戦略に関するものです。全社戦略では、主に企業のトップ（経営陣）が企業全体の方向性を定め、企業としてどのような領域のどのような事業を行うのか、どのような事業は行わないのか、そしてそれらの事業に限りある経営資源をどのように配分するのかといったことを検討し、決めなければなりません。企業の多角化とは「1つの企業が複数の事業（ビジネス）を行うこと」を意味します。みなさんが知っている大きな企業のおそらくほとんどは多角化していて、それぞれの企業が「どのような領域の事業を行うのか／行わないのか」を考えた結果として、複数の事業を並行して行っています。

たとえば、日本の代表的な企業の1つである「SONY」は、もともと小型のラジオのようなエレクトロニクス製品を作る企業でしたが、図8-2を見て分かるとおり、ここ40年間でさまざまな事業に参入しています。映画や音楽、ゲームといった事業はみなさんにも身近なものだと思いますが、それ以外にも、保険や銀行といった金融サービスにも多角化しています。

▶多角化の目的

では、なぜ企業は多角化するのでしょうか？　企業が1つの事業だけでなく、新たに別の事業にも参入し、複数の事業を並行して行おうとするのはなぜでしょうか？　写真フイルムを製造する企業として1934年に操業を開始した「富士フイルム」は、近年、SONYと同様にさまざまな事業に参入し、事業の多角化によって成功した代表的な日本企業とされています。同社は、私たちにとっても身近な写真関連の事業やデジタルカメラ事業だけでなく、最近は医薬品

図8-2　SONYの連結売上高および営業収入／売上高構成比率(%)

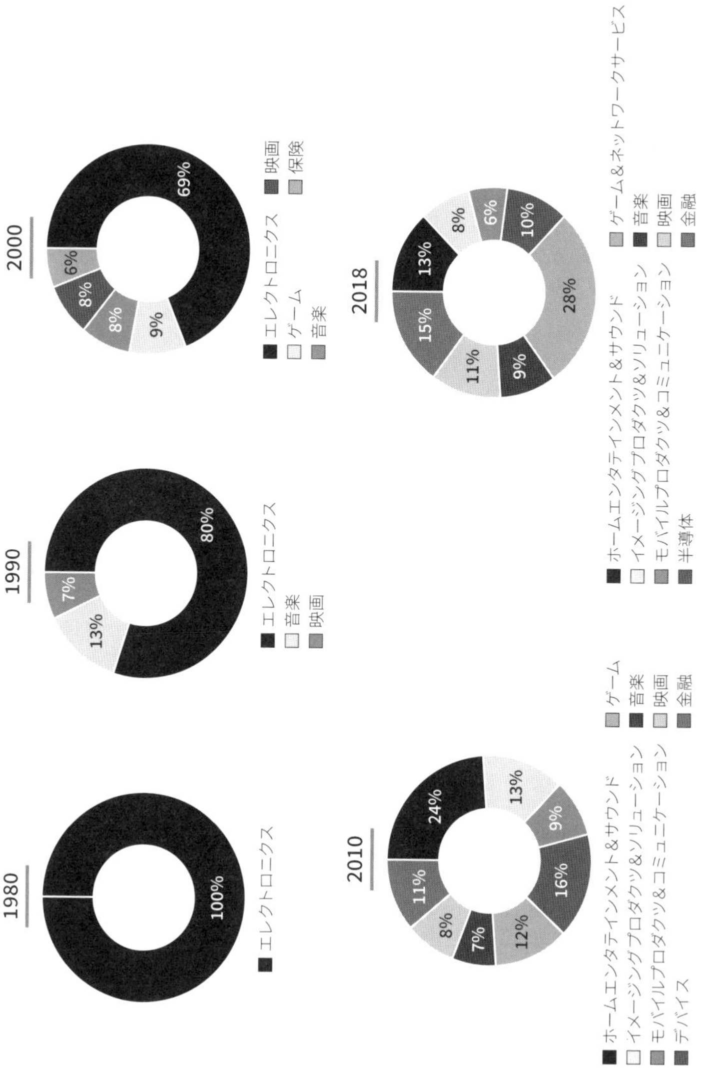

出典：SONY Corporate Report 2019を基に筆者作成

や化粧品の事業にも参入しています。たとえば、テレビCMで目にしたことがある人も多いと思いますが、女性用の基礎化粧品として「ASTALIFT（アスタリフト）」という商品を2007年に発売し、同商品は大ヒットしました。

さて、富士フイルムはどのような理由で、このように事業を多角化してきたと考えられるでしょうか？

一般的に企業の多角化には、①「リスクの分散と長期的成長」、そして②「資源の活用による収益の拡大」、という2つの目的があります。まず①「リスクの分散と長期的成長」に関連して、同社は創業以来、その社名のとおり写真フィルムを主力事業として成長・拡大してきました。しかし、1990年代後半からアナログカメラに代わってデジタルカメラが普及し、それによって写真フィルムの需要が急激に低下してしまいます。その状況を受けて同社は2000年から第二の創業として、富士ゼロックス（現・富士フイルムビジネスイノベーション）を子会社化することで複写機等のドキュメント事業を融合し、また液晶ディスプレイ用の部材やデータを記録するメディアといった事業を強化していきます。しかし1990年代終わりの世界的な景気低迷によって、液晶ディスプレイ用の部材や事務機器関連の事業も厳しい状況となってしまい、同社はさらに医療や化粧品の事業へ本格的に参入することとしました。

このように、富士フイルムの主力事業であった写真フィルム事業は、デジタルカメラの普及によって危機に陥りました。同社がそのまま多角化せずに写真フィルム事業だけを行っていたら、おそらく富士フイルムという企業自体がなくなっていたかもしれません。実際に、2005年には同社の写真関連事業が赤字に転落しています。写真フィルム事業に限らず、多くのビジネスにはライフサイクルがあり、いずれ市場が衰退してしまいます。そのため、1つのビジネスだけに固執してしまうのは、リスクが大きく、長期的な成長が困難になってしまいます。富士フイルムのように、時代に合わせて多角化することで、長く繁栄し、成長することが可能になるのです。

それから②「資源の活用による収益の拡大」に関連して、富士フイルムは写真フィルム事業で長年培ってきたさまざまな技術を生かしながら事業を多角化し、参入したそれぞれの事業においてその技術を強みとながら競争しています。写真フィルムの技術が医薬品や化粧品で生かせるのか？と疑問に思うかもしれませんが、前述の「ASTALIFT（アスタリフト）」という同社の基礎化粧品には、同社が写真関連事業で磨いてきた「ナノテクノロジー」、「コラーゲン研究」、「抗酸化・紫外線防御技術」といった技術・研究が活用され、それが他の企業の化粧品との重要な「違い」を生み出す資源となっています。

たとえば、写真フィルムの内部に成分を正しく配置するために重要である高度なナノテクノロジーは、化粧品の中に有効な成分を安定的に配合し、しっかり浸透させるために活用されています。また、写真フィルムの主成分は肌と同じコラーゲンであり、写真が色褪せる原因は紫外線による酸化です。それらのコラーゲンや抗酸化成分についての知見や、紫外線を防ぐ独自技術は、基礎化粧品の開発にとって極めて有効であり、他の化粧品メーカーと競争するうえで強力な武器になると考えられます。

▶範囲の経済と競争優位

じつは、この②「資源の活用による収益の拡大」が、多角化戦略にとって非常に重要です。もちろん、リスクの回避と長期的成長が企業にとって重要なのは間違いありませんが、なんとなく流行っていて儲かりそうだからと、なんでもかんでも多角化すれば良いというわけではありません。新しい事業に参入する際には、それなりのコストもかかり、第7章「7-3. 外部環境の分析」で説明した「参入障壁」も存在します。さらに、多角化した先の事業ではすでに多くの企業がさまざまな工夫をしながら競争しており、それらの企業との競争で生き残らなければなりません。そのためには、「7-5. 内部環境の分析」で学んでもらったとおり、他の企業が持っていないなんらかの資源を強みとして、他の企業よりも優位に立たなければなりません。

そのうえで、多角化しようとする企業にとっては、富士フイルムの写真フィルム事業のような既存の事業において蓄積してきた技術や知識は、新たに参入する事業において競争優位を生み出す資源となり得ます。すなわち、富士フイルムが蓄積してきた技術や知識は、化粧品事業においては他の化粧品メーカーが持っていない、「経済的価値」があり「希少」で「模倣や代替が困難」な資源だと考えられます。同社はそのような技術や知識を活用することで、基礎化粧品の開発に必要なコストを節約し、より高機能な製品を提供することで高い価格でも買ってもらうことができ、したがってより多くの利益を獲得することができるのです。

このように、企業は既存の事業で蓄積してきた資源を新たな事業で活用することによって、より多くの利益を獲得できる可能性があります。このように、1つの企業が複数の事業を同時に営むことにより、複数の企業がそれらを別々に行う場合よりも、何らかのコスト削減か売上の増加が実現できる（利益を生み出せる）状態のことを、「範囲の経済」と言います。範囲の経済は、ビジネスの場では「シナジー（相乗効果）」と表現されることも多いですが、既存の事業と新たに参入する事業の間で範囲の経済を達成できない（シナジーを発揮できない）多角化では、企業が参入先の市場における競争で優位に立ち、生き残ることは容易ではありません。

図8-3 多角化のタイプ

		ターゲットにする市場・顧客	
		既存の市場・顧客	新たな市場・顧客
活用する技術・知識	既存の技術・知識	①市場技術関連多角化	②技術関連多角化
	新たな技術・知識	③市場関連多角化	④コングロマリット多角化

出典：筆者作成

▶多角化のタイプ

上記の内容をふまえて、企業による多角化にどんなタイプがあるのかを見ていきましょう。多角化のタイプは、図8-3にあるように2つの軸で分けることができます。1つの軸は、新たに参入する事業においてターゲットにする市場（顧客）が、今までの事業と同じかどうかという軸です。そしてもう1つの軸は、新たに参入する事業において活用しようとする技術や知識が、すでに持っているものと同じかどうかという軸です。それら2つの軸の組み合わせによって、多角化は一般的に、①市場技術関連多角化、②技術関連多角化、③市場関連多角化、④コングロマリット多角化の4つのタイプに分かれます。

左上の①市場技術関連多角化は、企業がそれまで事業を行ってきた市場（すでにターゲットにしている顧客）に対して、すでに持っている技術や知識を活用しながら、新しい製品やサービスを提供していくというものです。これは多角化というよりも、既存の製品やサービスの拡充に近いかもしれません。たとえば、写真フィルムの製造販売という事業とは別に、撮影したフィルムを現像して写真にしてあげるサービスも事業として展開するというのは、同一の顧客に対してすでに持っている技術を活用して新たなサービスを提供するという意味で、市場技術関連多角化と言えるでしょう。

次に、右上の②技術関連多角化は、すでに紹介した富士フイルムによる化粧品事業への参入というのが、分かりやすい例ではないでしょうか。富士フイルムにとって、化粧品事業でターゲットにする顧客は、それまで同社が行ってきた事業でターゲットにしてきた顧客とは明らかに異なります。しかし、その化粧品事業において、同社は写真フィルム事業で蓄積してきた「ナノテクノロジー」、「コラーゲン研究」、「抗酸化・紫外線防御技術」といったさまざまな技術・知識を活用して、範囲の経済を達成しています。

左下の③市場関連多角化は、企業がすでにターゲットとして製品やサービスを提供している市場や顧客に対して、新たな技術や知識を用いて新製品や新サービスを提供していくというものです。企業は既存の市場における経験を通じて、顧客の特徴やニーズ、その顧客に対するより効率的な製品／サービスの提供方法を理解しており、その中で、新たな事業のアイデアを得ることができるかもしれません。仮にその新たな事業において新たな技術や知識が必要になるとしても、すでに獲得している市場や顧客についての知識によって範囲の経済を達成できるかもしれません。

コンビニエンスストア・チェーンは小売業であり、さまざまな商品を仕入れて店頭でそれを顧客に販売するというビジネスですが、そのビジネスを通じて利用客の購買行動に関する膨大なデータを蓄積しています。それによってどんな層の顧客がどんな商品を求めているのかを分析することが可能であり、その知識を活用することで、商品を外部から仕入れるのではなく、自ら食品や雑貨などのオリジナル商品を開発・製造したいと考えるかもしれません。もちろん、実際にオリジナル商品を開発・製造するためには、コンビニエンスストアを運営するための技術や知識とはまったく異なるものが必要になります。しかし、顧客の購買行動に関する膨大なデータは、オリジナル商品の開発・製造において、価値があり、希少で、模倣や代替が困難な、競争優位を生み出してくれる重要な資源となり得ます。

これらの①市場技術関連多角化、②技術関連多角化、③市場関連多角化に対して、右下の④コングロマリット多角化は、市場も技術も関連のない新たな事業への多角化です。家電製品のメーカーがタピオカ屋さんを始めたり、靴のメーカーが銀行業に進出したりと、既存の事業とは関係のないまったく新しい分野に参入するというイメージです。このようなコングロマリット多角化は範囲の経済を生かせず、既存事業とのシナジーを発揮できないため、参入先の新たな事業において他の企業と競争するための武器を持たず、したがって、そこで優位に立ち生き残ることは難しいとされています。実際に、何か1つの事業で大成功した企業が、その急激に増えた資金の使い道として、さまざまなビジネスに見境なく手を出して多角化した結果、どのビジネスもうまくいかずに元々の本業まで傾いてしまったという事例も少なくありません。

▶多角化戦略のまとめ

以上、企業の多角化戦略について、その目的やタイプを説明してきました。重要なポイントはやはり、流行っているから、なんとなく儲かりそうだから、といった理由による多角化ではなく、既存事業において蓄積してきた経営資源を生かせるような多角化を進めるということです。みなさんが知っている大きな企業の多くは、おそらく複数の事業を同時に営んでいる多角化した企業だと思います。ぜひ興味のある企業について調査し、その企業がどんな事業を営んでいて、それらの事業にはどんな関連性があり、どのような範囲の経済がありそう（もしくはなさそう）なのかを分析してみてください。

8-2 競争戦略

第7章「7-5. 内部環境の分析」で説明したように、また上記の多角化戦略における範囲の経済と資源の重要性でもポイントとして挙げたように、企業が個々の事業においてライバル企業との競争に勝ち、多くの利益を得るためには、競争優位の源泉になるような、経済的価値があり、希少で、かつ模倣や代替が困難な経営資源を持っていることが重要となります。しかし、せっかく良い経営資源を持っていても、それをうまく生かせなければ、実際の競争に勝つことはできません。

以下では、企業が自社の強みを生かして、個々の事業において具体的にどのようにライバル企業と競争するのかについて、基本的な競争戦略の考え方を説明していきます。そのうえで、まず下記の簡単なケースについて、自身で考えてみてください。

▶（ケース）ハンバーガー市場における競争

図8-4はある地域におけるハンバーガー市場について、その市場の競争の状況を簡単に表しています。この市場では、A社とB社、C社、そしてその他の企業が競争しています。A社は市場のリーダーで、店舗数も他社に比べて多く、1日にハンバーガーを約1,000個販売しています。ライバルのB社は1日に約300個、C社は1日に約200個となっており、それぞれの市場シェアは、A社から50%、15%、10%となっています。

A社は低価格のハンバーガーが人気で、主力のハンバーガーを1個170円で販売しています。ちなみに、A社のハンバーガーを1個作るための費用は120円で、その内訳は材料費が60円、人件費やお店の家賃等が60円だとします。みなさんはこのA社のマネ

8

図8-4　ハンバーガー市場における市場シェア

ある地域のハンバーガー市場において
1日に売れるハンバーガーの個数とシェア

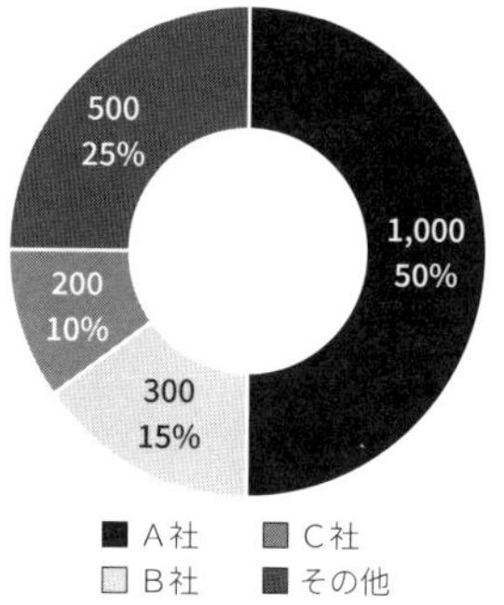

出典：筆者作成

ジャーになったつもりで、以下の状況への対応策を考えてみてください。

さて、ある日、市場シェア3位のC社がそのハンバーガーを160円に値下げをして、低価格のハンバーガーを求めるA社のお客さんを奪いにきました。A社のマネジャーであるあなたとしては、何もせずにお客さんをC社に奪われるわけにはいきません。

A社はこの状況に対して、どのように対応すれば良いでしょうか？

みなさんなら、どうしますか？　もちろん、市場のリーダーらしくどっしりと構えて何もしないというのも、1つの選択肢かもしれませんね。しかしそれでは、C社にお客さんを奪われ続け、市場シェアも、売上も、利益も減っていくかもしれません。では、C社の160円に対抗して、150円に値下げするという選択肢もありそうですが、いかがでしょうか？　この場合は、お客さんを奪われるのを防ぐことはできるかもしれませんが、値下げした分の利益は失われてしまいますね。そのうえ、C社がさらに値下げをして140円で対抗してきたら…と考えると、泥沼の競争になって利益がどんどん減っていきそうな気もします。

他にもたとえば、C社との価格競争を避けて、これまでのA社のハンバーガーとは異なる、豪華で高価格のハンバーガーや、素材にこだわったヘルシーなハンバーガーを新たに発売して、それによってたくさん利益を得るという方法もあるかもしれません。しかしこの方法をA社が採用する場合、これまで低価格であることに価値を感じてハンバーガーを買ってくれていたお客さんは、A社から離れていってしまいそうです。さらに、豪華なハンバーガーを好むお客さんは、これまで低価格をウリにしていたA社が豪華で高価格のハンバーガーを発売したとしても、その品質に疑問を持ってしまうでしょうし、長年積み上げてきた低価格というイメージを変えるのはなかなか大変ではないでしょうか。

これらの選択肢にはいずれもメリットもデメリットもあり、実際にどの選択肢を選ぶのかを決めるのは簡単ではありません。もちろん、企業の戦略にはさまざまな選択肢があり、ただ1つの選択肢が正解になることはないですし、選択した結果、それが正解だったのかどうかを後で判断することも困難です。とはいえ、競争戦略の基本的な考え方やパターン、またそれぞれのパターンを選択するうえで気をつけなければならないことを理解しておけば、自社にとって何を武器としてどのように他社と競争すべきか、その具体的な戦略を考えるうえで必ずヒントが得られるでしょう。

▶競争戦略の考え方とパターン

さて、企業が他のライバル企業と競争する時に重要となる基本的な考え方は、とにかく、他の企業と「まともに競争しない」という

図 8-5　競争戦略のタイプ

		競争優位の種別	
		低コスト	差別化
戦略ターゲット	市場全体	①コストリーダーシップ戦略	②差別化戦略
	ニッチ市場	③集中戦略	

出典：M. E. ポーター『競争の戦略』ダイヤモンド社（1982年）p.61を一部修正

ことです。まともに競争しないというのは、つまり、同じ戦略で戦わないということですが、たとえば複数の企業が、同じ経営資源を強みとして、その経営資源を同じように活用して、同じお客さんをターゲットにして競争すれば、当然ながら泥沼の戦いとなって、いずれの企業も利益をすり減らすことになってしまいます。このようにまともに競争せずに利益を出すためには、戦略において何らかの「違い」をつくらなければなりません。

では、企業は他の企業との競争において、どんな違いをつくることができるでしょうか？　企業が他の企業との競争でつくることのできる違いには、大きく分けて3つのタイプがあります。それは、他社よりも安く作って提供するという①「費用（コスト）面での違い」、他社よりも優れたものを作って提供するという②「品質／機能／デザイン等での違い」、さらには他社が相手にしていない顧客を相手にするという③「ターゲットの違い」です。企業はこれらのいずれかの違いをつくって、それを独自の武器とすることで、他社とできるだけ直接競争せずに利益を獲得していかなければなりません。

そして、それらの3つの「違い」を軸として、基本的な競争戦略のパターンを整理したのが、図8-5です。以下、①コストリーダーシップ戦略、②差別化戦略、③集中戦略の順番に、それぞれの戦略の基本的な考え方やその戦略が有効となる条件を説明していきます。

▶コストリーダーシップ戦略

コストリーダーシップ戦略は、他社よりも低コストで製品・サービスを提供できるという「費用（コスト）面での違い」を武器として、そのコスト上の優位性を活用することでより多くの利益を獲得しようとする戦略です。ターゲットは市場全体で、特にターゲットの違いをつくらずにできるだけ多くのお客さんに買ってもらうことを重視します。

注意しなければならないのは、このコストリーダーシップ戦略は、必ずしも低価格戦略ではないということです。もちろん、コスト上の優位性があれば、ライバル企業よりも価格を低く設定しても、1つの製品／サービスから得られる利益を同じにすることができるため、価格を下げてより多くのお客さんに買ってもらい、結果としてライバル企業よりもより多くの利益を得ることができるでしょう。

しかし、他社よりもコスト上の優位性を持っているコストリーダーが選択できるのは、そのような低価格戦略だけではありません。ライバル企業よりも低コストで製品／サービスを提供できるにもかかわらず、あえて他社と同レベルの価格を設定し、1つの製品／サービスからより多くの利益を得るという選択肢もあります。価格を他社よりも低く設定するという戦略では、（先のハンバーガー市場での競争でもあったように）仮に他社が同様もしくはより低い価格を設定してきた時に、それに対抗して価格をさらに下げなければならなくなります。コスト上の優位性があるとはいえ、そのような泥沼の価格競争で利益をすり減らしてしまうのは、企業もできるだけ避けたいと思うはずです。したがって実際には、コスト上の優位性を持っている企業であっても、多くの場合、それを活用して自ら積極的に価格競争を仕掛けるのではなく、他社と同レベルの価格を設定し、他社が価格を下げてきたら仕方なくそれに合わせて価格を変更

8

するという行動を選択することも多いのです。
もちろん、他社が対抗して価格を下げられない理由があったり、他社による価格競争への追随がそれほど脅威でなかったりする場合には、低価格戦略によって一人勝ち状態をつくり、多くの利益を獲得することも可能でしょう。いずれにしても、コスト上の優位性をうまく活用して、より多くの利益を得るというのが、コストリーダーシップ戦略の重要なポイントです。

▶差別化戦略

差別化戦略は、コストリーダーシップ戦略と同様に、市場全体のお客さんをターゲットとする戦略です。しかし、この戦略ではコスト面での違いではなく、品質や機能、デザインといった各企業独自のこだわりを違い（武器）として活用し、他社と競争します。より高級感を出したり、より多くの機能をつけたり、デザインにこだわったり、アフターサービスを充実させたり、製品やサービスにそれらのユニークな違いをつけることによって、より高い価格を設定してもお客さんに喜んで買ってもらい、それによってより多くの利益を得ようとする戦略です。
前述のコストリーダーシップ戦略は、他社よりも低コストで製品やサービスを提供できるというコスト上の優位性を武器にするものですが、そのコスト上の優位性を持つことができる企業は限られています。多くの場合、その市場のリーダーで最も大きなシェアを持っている企業が、コスト上の優位性を持つことができます。それは、やはりたくさん作ってたくさん売ることができる企業ほど、一単位あたりのコストを下げることができ、また大量に作って売ることで他社よりも早く学習して効率化することができるからです。先のハンバーガー市場のケースにおいて、A社は他社よりも多くの市場シェアを持っており、大量に製造して大量に販売することができます。大量に製造するということは、材料もそれだけ大量に仕入れることになるため、交渉して仕入れ価格を安くすることもできるでしょう。また、大量に販売できれば、ハンバーガー1個あたりの人件費も店舗の家賃も下げることができ、他社よりもコスト面で優位に立つことができます。このように、コスト上の優位性を武器にできるのは多くの場合、「規模の優位性」を持っている市場のリーダーであり、したがってそれ以外の多くの企業は、この差別化戦略を選択することになります。

しかしながら、この差別化戦略で重要なポイントは、いくら企業が他社との違いを打ち出して差別化していると思っていても、その違いが顧客に違いとして認知され評価されなければ差別化にならないということです。たとえば競争の激しいデジタルカメラ市場において、富士フイルムは2000年に発売した製品から「スーパーCCDハニカム」という独自の技術を搭載し、それを同社のデジタルカメラの大きなウリにしてきました。この技術は、八角形の受光部を斜めに配することで、従来のCCDと比べると単位面積あたりの集光部が大きく、フィルムと同等の高感度を実現できるというものです。しかし、このような説明を聞いても、コンパクトデジタルカメラを購入しようと考えている一般的なお客さんの多くは理解できず、したがって評価されず、富士フイルムがいくらその技術で差別化しているとアピールしても、それだけでは差別化になりません。

このように、顧客が違いを認識できない差別化、何度も説明を聞かないとその違いを理解できない差別化は、残念ながら差別化になりません。差別化戦略を成功させるためには、企業がアピールしようとしているその違いがどんなもので、顧客にどんな新しい価値をもたらしてくれるのかということを、シンプルに分かりやすく顧客に伝えることが重要です。それが伝わって違いが認識され、評価されれば、より高い価格でも喜んで買ってもらえるかもしれませんが、その違いが顧客に価値のある違いとして認識されなければ、

「差別化していると思っているのは企業だけ」という悲しい状態になってしまいます。

▶集中戦略

コストリーダーシップ戦略や差別化戦略は、市場全体をターゲットとして、できるだけ多くのお客さんに製品やサービスを買ってもらおうとする戦略でした。一方で、他社が相手にしていない顧客を相手にするという「ターゲットの違い」も、まともに競争せずに利益を出すために活用できます。とりわけ、市場全体をターゲットにしているような大きな企業とまともに競争しても勝ち目のない中小規模の企業にとっては、大手の企業が相手にしていない顧客をターゲットにすることで、不利な競争を避けて利益を確保できる可能性が高まります。このようなニッチ(隙間)市場の顧客を見つけ出し、その顧客のニーズに合わせた製品やサービスを提供することで、より多くの利益を得ようとするのが、集中戦略です。

この集中戦略がうまく機能するためには、2つの条件が必要となります。第一の条件は、市場全体の一般的な顧客とは異なる、特異なニーズを持つ顧客が存在すること。そして第二の条件は、その特異なニーズを持つ顧客に向けて製品やサービスを開発・製造・販売するための最適な方法が、他の一般的な顧客とは異なるということです。これら2つの条件は、つまり、市場全体をターゲットにしている大手の企業では満たせないニーズがあるということです。特異なニーズを持つ顧客というのは、多くの人に買ってもらうための平均的な機能や品質の製品では満足できないようなマニアックな人々、もしくは平均的な製品でも高機能すぎて使いこなせないような人々かもしれません。そしてそのような特異なニーズに応えられる製品やサービスを提供するために、特殊な機能や製造方法が必要であったり、通常の小売店では取り扱ってもらえなかったりすると、市場全体で競争優位を目指そうとする企業にとっては、余計な手間もコストもかかってしまうため、そのニッチ市場は攻略が難しい、もしくは魅力的ではなくなってしまいます。

逆に、上記2つの条件が満たされていないと、そもそもニッチ市場が存在しない、もしくは存在してもそこが儲かると分かってしまうと、大手の企業も簡単にその市場をターゲットにできてしまいます。そうなると、中小規模の企業にとってはそれらの企業とまともに競争しなくてはならなくなり、多くの利益を得ることが難しくなってしまいます。したがって、特に中小規模の企業にとっては、大手の企業がターゲットにできない、もしくはしたくないニッチ市場を見つけて、そこに焦点を絞った戦略で、より多くの利益を獲得することも重要となります。

たとえば、大阪市に本社のある「東海バネ工業」という企業は、この集中戦略で成功している代表的な企業ではないでしょうか。同社は金属バネのメーカーですが、一般的に金属バネ業界では、多くの企業が自動車や通信、家電製品向けの汎用品を製造しています。それらの汎用品は市場が大きく、受注量が多いため、少品種大量生産によってコストを削減することも比較的容易です。しかし東海バネ工業は、多くの企業が製造している汎用品は作らずに、一般的にはどの企業も避けたがる特殊用途の単品受注生産に特化しています。従業員数80数名という中小企業ですが、オーダーメイドで特殊用途の高品質・高難度のバネを作ることのできる高い技術力を武器として、他の企業が嫌がる単品受注生産に特化し、値引きを一切せず、高収益を維持しているのです。東京スカイツリーの制振装置に使われている巨大なバネを作ったのも、この東海バネ工業です。

ちなみに、ハンバーガー市場でもニッチ市場は存在し、そこをターゲットにしている企業もあります。たとえば、東京のホテルニューオータニの中に「トレーダーヴィックス東京」というレストランがありますが、そのレストランが提供しているハンバーガーは、「かぶりつく幸せ」をコンセプトとし、こだわりの素材を使った高級ハンバーガーです。高級リゾートのような店内で食べることができ、価格は税抜き3,500円にサービス料が追加されます。その価格でも価値を感じて喜んで買ってくれる、ある意味特異なニーズを持ったお客さんをターゲットにしており、ファストフードのハンバーガーチェーンの各社と競争していないのは明らかですよね。

▶競争戦略のまとめ

以上、企業が自社の強みを生かして、具体的にどのようにライバル企業と競争するのかについて、基本的な競争戦略の考え方を説明してきました。みなさんが普段利用しているさまざまな企業も、それぞれ自社の強みを考えて、それを他社との違いとして活用し、さまざまな戦略でライバル企業と競争しています。ぜひ身近な企業について、その企業がどんな戦略で他社と競争しているのかを分析してみてください。

8-3 マーケティング戦略

これまで本章では、企業の経営戦略に関連して、企業のトップ（経営陣）が考えなければならない全社戦略の1つとしての多角化戦略と、事業レベルでの競争戦略について説明してきました。経営戦略は企業の意思決定レベル（組織の中のどのレベルの人が考えて決定するか）によって、全社戦略、事業戦略、機能別戦略の大きく3つに分かれるということは、本章の最初に説明しましたが、これからお話しする「マーケティング戦略」は機能別戦略の1つで、個々の商品やサービスのレベルで「誰に何をどうやって買ってもらうか」を考えていきます。

ただし、このマーケティング戦略を考える際には、当然ながら個々の商品やサービスだけに注目してはいけません。その商品やサービスを含めた事業について、外部環境がどうなっているのか、その中で自社の強みは何か、弱みは何か、どんな資源を持っていて、どうやって競争しようとしているのかといったことを理解したうえで、その商品やサービスをどのように売り出していくのかを考える必要があります。

▶マーケティング戦略の基本要素

さて、マーケティング戦略の中で考えなければならない基本的な要素は、下記の2つです。

- ターゲット市場の設定（セグメンテーションとターゲッティング）
- ターゲット市場へのアプローチ方法（マーケティング・ミックス）

まず、商品やサービスを誰に買ってもらうかを考えます。そのために「セグメンテーション」によって、似たようなニーズや購買行動の特徴を持つ人たちを見つけて分類し、その中から「ターゲット」を決めていきます。そしてターゲットが決まったら、その人たちのニーズや購買行動の特徴に合わせて、実際に商品やサービスを買ってもらうための具体的なアプローチ方法を考えていきます。そのアプローチ方法の組み合わせが「マーケティング・ミックス」です。以下では、これらのマーケティング戦略の基本要素について、それぞれ少し詳しく説明していきます。

▶セグメンテーションとターゲッティング

さて、マーケティング戦略においては、まず商品やサービスを誰に買ってもらうかを決めなければならないと上で書きました。

では、そもそもなぜターゲットを決めなければならないのでしょうか？

わざわざ特定の人々にターゲットを定めなくても、すべての人に商品やサービスを買ってもらえれば、その方がたくさん売れていいはずです。それなのになぜ、ターゲットを特定の人々に絞り込む必要があるのでしょうか？

企業が商品やサービスを買ってもらいたい相手は、人間かもしれませんし、他の企業かもしれません。そしてその一人ひとりの人間や1つ1つの企業には、それぞれ個性があります。好きなものや欲しいもの、必要なもの、困っていること、経済的な余裕、買い物をする場所や時間、その商品やサービスについての知識やこだわりといった、持っているニーズや購買行動の特徴がそれぞれ違うはずです。そのように個性のある人々や企業に対して、それぞれ異なるニーズや購買行動のすべてに対応してあげることができれば良いですが、残念ながらそれは不可能です。また逆に、そのような個性を無視して、すべての人々や企業をターゲットにした平均的な商品やサービスを作って売ろうとしても、それはもしかすると誰のニーズも満たさないものになってしまうかもしれません。

したがって、セグメンテーションによって似たようなニーズや購買行動を持つ人々（もしくは企業）を分類し、その中から魅力的なターゲットを見つけることが必要です。セグメントとは「部分」や「区分」という意味ですが、セグメンテーションによって市場全体をある程度同質的なセグメントに分けると、そのセグメントに対して、より効率的かつ効果的にアプローチできるようになるのです。

では、どのようにセグメンテーションを行い、どのように魅力

的なセグメントを見つければ良いでしょうか？

セグメンテーションとは、似たようなニーズや購買行動を持つ人々や企業を分類することでしたが、どのような基準（軸）で分類するのが良いでしょうか？　たとえばセグメンテーションを行うための一般的な軸として、次のようなものが挙げられます。

- 地理的な軸
- 人口統計的な軸
- 心理的な軸
- 行動面の軸

セグメンテーションをするための地理的な軸には、たとえば、住んでいる地域や、都市の規模、気候といったものが含まれます。日本と海外では、また日本国内でも、地域によってそこに住んでいる人々のニーズや購買行動の特徴は異なります。暑いところと寒いところでは、当然ながら生活するために必要とされるものも異なるでしょうし、交通の便が良いところと悪いところでは、買い物に行く頻度や一度に買う量が違うかもしれません。このように、地理的な特徴をセグメンテーションの軸として用いることによって、似たようなニーズや購買行動を持つ人々を分類することが可能です。

また人口統計的な特徴も、セグメンテーションの軸として頻繁に用いられます。たとえば、年齢や性別は基本的な分類の軸として多くの商品やサービスで用いられます。10代～20代の女性をターゲットにした化粧品や、60代以上の熟年層をターゲットにした旅行商品といったイメージです。他にも、家族数や、人生のライフサイクル、所得水準、職業、学歴といったさまざまな特徴が、人口統計的な軸によるセグメンテーションに用いられます。就学前の子供がいる中所得世帯向けの保険商品、といったものを思い浮かべてみてください。

さらには、ライフスタイルや性格といった、目に見えない心理的な特徴がセグメンテーションの軸になることもあります。たとえば、自身の健康や地球環境の維持を重視する人々は、他の人々と異なるニーズや購買行動の特徴を持っているかもしれません。また、より積極的で行動的な人向けの商品／サービスや、大人しく控えめな人向けの商品／サービスというのも、いろいろと考えることができるでしょう。

他にも、行動面の軸でセグメンテーションが行われることもあります。これには、たとえばその商品やサービスの使用頻度や、商品に対する知識の質や量といったものが含まれます。頻繁にサービスを利用し、そのサービスについて非常に詳しい人と、ごくたまにしかそのサービスを利用せず、知識もあまりない人では、そのサービスに求めるものや重視するものも異なるでしょう。したがって、それぞれのセグメントに分類される人々に喜んで利用してもらうための適切なアプローチも、当然異なってきます。

これらの、地理的、人口統計的な軸や、心理面、行動面の軸は、さまざまな商品やサービスにおいて一般的に用いられるセグメンテーションの軸ですが、一方で、このような一般的なセグメンテーションの軸を単純に使用している限り、他社も同じようにセグメンテーションを行っているため、なかなか差別化することが難しいということにもなります。同じようなセグメンテーションに基づいて、同じような人々をターゲットにして同じようなアプローチをしてしまうと、顧客側から見ると違いが分からず、結局価格で判断されてしまうため、企業側も価格を下げて競争しなければならなくなってしまうかもしれません。

「8-2. 競争戦略」でも説明したとおり、企業は「コスト」や「品質・機能等」での違いだけでなく、ターゲットの違いをつくることによって、他社とできるだけ直接競争せずに利益を獲得することが可能になります。そのためには、他社が気づかないようなユニークな軸、もしくは軸の組み合わせを自分たちで考えなければなりません。たとえば、「資生堂」は「仕事でもっと活躍したい」と考えている「若い世代」の「男性」をターゲットとして、2019年に「ウーノ・フェイスカラークリエイター」というBBクリーム（肌の色や凹凸、ニキビ跡等をカバーする顔用のクリーム）を発売しました[1]。そのようなセグメントに属する人々に対して、「肌を整えれば自信を持って勝負できる」とアピールし、結果として若い世代だけでなくより高齢の世代も含めて大ヒットしました。これは、年齢や性別といった一般的な人口統計的な軸と、「仕事で活躍したい」、「自信が持てない」という心理的な側面の軸をうまく組み合わせてユニークなセグメントをつくり出した例と言えるかもしれません。

▶マーケティング・ミックス

さて、セグメンテーションを行い、ターゲットが決まったら、そのターゲットにどんな商品やサービスをどうやって買ってもらうのか、具体的なアプローチの方法を考えなければなりません。マーケティング・ミックスとは、ターゲット顧客に対するさまざまなアプローチの組み合わせのことですが、具体的なアプローチを考えるうえで重要になる基本的な要素が、以下に挙げる有名な4つのPです。

- Product（製品）
- Price（価格）
- Place（流通チャネル）
- Promotion（プロモーション／販売促進）

最近では、より顧客からの視点を重視して、次のような4つのCで表現することも多くなってきましたが、基本的に考えなければならないことはそれほど大きく変わりません。

- Customer Value（顧客にとっての価値）
- Customer Cost（顧客にとってのコスト）
- Convenience（顧客にとっての利便性）
- Communication（顧客とのコミュニケーション）

では、マーケティング・ミックスの各要素について、基本的な考え方や重要なポイントを説明していきます。まず、Product（製品）についてですが、そこでは製品やサービスにどのような特徴を持たせるかを考えなればなりません。ターゲットとして設定した顧客が何に困っていて、何を必要としているのかをしっかりと分析したうえで、製品やサービスによって「顧客のどのような満足を引き出すのか」を明確にする必要があります。先に紹介した資生堂の「ウーノ・フェイスカラークリエイター」が顧客に評価されたのは、その成分や、物理的・科学的な特徴ではなく、その製品を使うことによって顧客が「自信を持って仕事ができる」と感じられるからではないでしょうか。

次に、Price（価格）について考えなければいけないポイントは、提供しようとしている商品やサービスの価値をうまく表現し、その価値を感じてもらえるような価格設定が必要だということです。価格は低ければ低いほど顧客が喜んでくれそうですが、それほど単純なものではありません。たとえば、その商品を所有することに対する満足、つまりそれを持っていることによって「自分にはステータスがある」とか「他人に羨ましがられる」と感じることで満足してもらおうとするような高品質な商品には、誰でも手軽に買えるような低い価格ではなく、なかなか手が届かない高い価格を設定した方が、顧客は満足してくれるでしょう。「8-2. 競争戦略」で紹介した高級ハンバーガーも、3,500円＋消費税＋サービス料という、他のハンバーガーとはかけ離れた高い価格だからこそ、それを食べようとする顧客にとっては価値があるのではないでしょうか。

3つ目のPlace（流通チャネル）とは、商品やサービスを作っている企業から最終的なユーザーにその商品／サービスが渡るまでの経路もしくは場所を意味しています。企業はその商品やサービスを顧客にどのように届けるのか、どこで提供するのか、どこに置いて買ってもらうのかということを考えなければなりません。たとえば、強いこだわりのある商品やサービスであれば、流通チャネルをあえて狭くして専門店のみで販売・提供する方が、価格やブランドのイメージをしっかり管理しながら顧客に提供できるでしょう。一方で、日用品のように、より多くの顧客に商品やサービスを買ってほしい場合には、流通チャネルを広くして、全国のスーパーやコンビニエンスストアで扱ってもらう方が良いでしょう。ただしその場合、それぞれのお店における価格や売り方を細かく管理することは難しくなってしまいます。したがって、やはりターゲットの特徴や商品／サービスの特徴に合わせて、流通チャネルを選択することが重要です。

そして最後のPromotion（プロモーション／販売促進）は、企業が顧客に商品やサービスの情報を伝達し、魅力を感じてもらい、買いたいと思ってもらうためのさまざまな手段です。おそらくみなさんにとって一番身近なのはテレビCMだと思いますが、最近ではインターネットのwebサイトやSNS上で表示される広告の方が、私たちが商品やサービスについての情報を受け取る手段として、より身近になっているかもしれません。このように、大規模な広告を出し、より多くの顧客に認知してもらい、顧客がお店に行って指名買いしてくれるように促すのも、プロモーションの1つの戦略（プル戦略）です。それに対して、企業の営業担当者が商品を持って顧客に直接説明しに行ったり、優先的に売ってもらえるよう小売店にお願いしに行ったりするのも、特に商品やサービスの認知度が低い場合に有効なプロモーションの戦略（プッシュ戦略）です。

企業は、これらマーケティング・ミックスの4つの基本的な要素をうまく組み合わせて、ターゲットに喜んで商品やサービスを買ってもらえるようアプローチしなければなりません。その際に重要なのは、ターゲットの特徴と各要素における具体的な戦略の組み合わせが、すべてフィットしていることです。その組み合わせがバラバラだと、一時的には成功してもそれは持続しません。たとえば質が悪くすぐに壊れるような製品を、高級品のようなプロモーションを行って高価格で販売しても、最初は顧客もだまされて買うかもしれませんが、当然ながらすぐに売れなってしまうでしょう。また、本当に質の良い高級品を、「激安」がウリの量販店のワゴンセールで販売してしまうと、すぐにブランドイメージが崩れて高級品としては売れなくなるでしょう。ルイ・ヴィトンのバッグを近所のスーパーで買えるようになったら…と想像してみてください。

▶マーケティング戦略のまとめ

以上、個々の商品やサービスのレベルで「誰に何をどうやって買ってもらうか」を考えるマーケティング戦略について、その基本的な要素と、それぞれの要素において考えなければならないポイントについて、簡単にお話ししてきました。ぜひ身近な商品やサービスのマーケティング戦略について、企業がどのように工夫をしながらみなさんにアプローチしているのかをさまざまな視点から分析してみてください。

また、ここで説明してきた内容はマーケティング戦略の基本の基本であり、それぞれの要素についてもっともっと深くて面白い内容がマーケティングの分野では議論されています。たとえば、消費者の行動をさまざまな視点から分析する「消費者行動論」や、顧客との効果的なコミュニケーションについて考える「広告論」、企業や商品／サービスのブランドを構築し価値を高めるための方法を考える「ブランド・マネジメント」、顧客の購買行動を客観的なデータによって分析する「マーケティング・リサーチ」も含めて、他にもさまざまな専門的な分野がありますので、気になる分野をより深く学んでみるのも面白いと思います。

さらに、本節8-3の最初で説明したとおり、マーケティング戦略は機能別戦略の1つです。企業がビジネスを進めるために必要な機能には、マーケティング以外にも研究開発や生産、調達、人事といったさまざまなものがあります。企業はそれぞれの機能について、より少ないインプットでより多くのアウトプットを出し、結果として顧客により多くの価値を提供し、それが利益に結びつくように、さまざまな工夫をしなければなりません。それらの工夫は各機能における戦略として詳細に議論されていますので、ぜひそれらの機能別戦略についても詳しく学んでみてください。

注

1） 日経TRENDY（2020年4月）「DATA CHECK データで読み解くヒット」。

8

演 習

1

SONYが展開しているさまざまな事業について、それぞれどのタイプの多角化だと言えるのか、またそれぞれの事業間にどのような範囲の経済があるのかを分析して説明してください。

2

コンビニエンスストア・チェーンである「セブン-イレブン」は銀行事業にも参入していますが、そこにはどのような範囲の経済があると考えられるでしょうか？　セブン-イレブンが銀行事業において活用できる資源にどのようなものがあるかをさまざまな視点から考えて、説明してください。

3

ハンバーガー市場で競争している企業を1つ選び、その企業が他社とのどのような違いを武器として、具体的にどのような戦略で競争しているかを分析し、説明してください。

4

身近な企業の中から「集中戦略」で成功している企業を探し、その企業がどんな特異なニーズを持った顧客をターゲットにしているのか、他の企業がその顧客をなぜターゲットにできないのかを、集中戦略が機能する条件に当てはめて説明してください。

5

自身が最近購入した商品もしくはサービスを1つ選び、その商品／サービスのマーケティング戦略を調査・分析して説明してください。その際、その商品／サービスがどのような人々をターゲットとして、そのターゲットにどのようにアプローチして買ってもらおうとしているのかを、「8-3．マーケティング戦略」で学んだセグメンテーションとマーケティング・ミックスの考え方を用いて分析してみてください。

6

上記の5で調査・分析した商品／サービスと同じカテゴリーの商品／サービスで、ターゲットが大きく異なる商品／サービスを選択し、5と同様に調査・分析してください。そのうえで、5の商品／サービスのマーケティング戦略と比較し、どのような違いがあるか説明してください。

第9章

グローバル化と企業の経営

第1章では、経営の基本について説明する中で、企業がビジネスにおいて利益を出すためには、より少ないインプット（費用）でより多くのアウトプット（売上）を出せるようにいろんな工夫をすれば良いということをお話しました。そしてそのために経営学は、第3章〜第6章で説明した組織や第7章〜第8章で説明した戦略の話を含む、さまざまな専門分野において、直接的・間接的に利益を増やすための方法を考えてきました。

しかしそれらのさまざまな専門分野における工夫、そして企業の経営全体に大きな影響を与えうる重要な変化の1つとして、「グローバル化」について触れておく必要があるでしょう。グローバル化という言葉は、もうすでにさまざまなメディアで使い古され、みなさんも日々の仕事や学習の中で頻繁に見聞きするかと思います。しかし、そのグローバル化について、みなさんはどれだけ理解できているでしょうか。本章では、グローバル化とは何か、それが誰にどのような影響を及ぼすのか、企業はそれにどのように対応すべきなのかといったことについて、以下で改めて整理しておきたいと思います。

9-1 グローバル化とは

グローバル化とは何でしょうか？
何がどうなることをグローバル化と言うのでしょうか？

グローバル化という言葉は日頃から見聞きしていて、もしかすると自分でもよく使っているという人であっても、この質問に明確に答えられる人はそれほど多くないのではないかと思います。大学の講義でこのグローバル化という言葉から連想される言葉をいろいろと挙げてもらうと、たとえば、「国境」、「言語」、「貿易」、「異文化」、

「通貨」、「自由」、「市場拡大」、「均一化」、「情報化」と、さまざまな言葉が出てきます。では、結局グローバル化とは何なのでしょうか。

たとえば、海外の大学でも多く使われている国際ビジネスの教科書[1)]では、グローバル化が下記のように定義されています。

グローバル化とは、世界経済がより統合されたもの、そしてより相互に依存したものに変化していくことである。

この定義のキーワードは「統合」と「相互依存」だと思いますが、それらは何を意味しているのでしょうか。これだけではまだ何を言っているのか良く分からないので、もう少し具体的に考えていきましょう。とりわけ経済やビジネスの視点から見た時、グローバル化には、大きく分けて次のような2つの側面があります。

- **市場のグローバル化**
- **生産のグローバル化**

「市場のグローバル化」とは、日本市場、米国市場、中国市場、韓国市場、インド市場、フランス市場といった、個々の国ごとにあった別々の市場が1つの大きなグローバル市場に「統合」されていくことを意味しています。そのグローバル市場では、多くの企業が国境を越えて製品やサービスを販売し、競争するようになり、顧客のニーズも何らかのグローバル基準に収束していきます。実際にApple社のiPhoneは世界中で同じものが販売され、どの国においても同じiPhoneを人々が欲しがり、購入しています。そして同時に、さまざまな国の企業が製造・販売しているAndroidスマートフォンと激しく競争しています。

一方で「生産のグローバル化」とは、企業がさまざまなインプット（ヒト、モノ、カネ、情報）を世界中から調達し、さまざまな国の企業が国境を越えて「相互依存」しながら製品を作ることを意味します。ここでの生産という言葉には、工場での生産だけでなく、資源の採掘から部品の生産、その組み立て、流通、販売、アフターサービスといった、広い意味での生産活動が含まれています。つまりこの生産のグローバル化は、企業の生産活動において「国際分業」が進むことだと言えます。実際にApple社はその製品を作り、販売するためのさまざまな活動（デザイン、鉱物の採取、精製、部品の製造、製品の組み立て、物流、小売店での販売、アフターサポート、製品のリサイクル）を世界49カ国の1,142の企業（2019年時点）と分業しながら行っており[2]、まさに生産のグローバル化を最大限に活用して生産活動を行っています。

9-2 グローバル化は良いこと？ 悪いこと？

みなさんは市場や生産のグローバル化が進むことに、賛成ですか？　反対ですか？

このような市場や生産のグローバル化が進めば、たとえば私たち消費者にとっては、さまざまな国の製品やサービスを気軽に購入することができるようになります。また企業はこの市場と生産のグローバル化をうまく活用することで、より少ないインプットでより多くのアウトプットを出し、結果として利益を拡大できるかもしれません。しかしながら、私たち消費者や企業にとって機会となりうるそのグローバル化は、ある人々にとっては脅威となる可能性もあり、したがってグローバル化に反対する人々も大勢います。

たとえば、国家間の自由な貿易を促進し、さまざまな国々が交渉・協議しながら貿易のルールを決める機関である「世界貿易機関（WTO：World Trade Organization）」は、定期的に閣僚会議をさまざまな国で開催しますが、その会議場の周辺では毎回、「グローバル化反対！」、「WTOは民主主義を崩壊させる！」といった看板を持った人々が大勢集まって、大規模なデモ活動が行われます。そこに集まっているのは、どんな人々なのでしょうか？　どんな人々がグローバル化に反対しているのでしょうか？

グローバル化に反対する人々の中には、それによって仕事を失った、もしくは失ってしまう可能性のある人々が多く含まれています。市場や生産のグローバル化が引き起こす脅威の1つとして、とりわけ先進国における「産業の空洞化」という問題があります。市場のグローバル化によって海外のより安い製品が輸入され、それが気軽に買えるようになると、国内でその製品を作っていた企業はそれらの安い製品と競争しなければならなくなり、経営が厳しくなり、倒産し、そこで働いていた人たちは仕事を失ってしまうかもしれません。また、企業がそのような競争の中で生き残るために、生産のグローバル化を活用して国内よりも人件費や土地が安い海外に工場を移転すると、国内の工場は閉鎖され、そこで働いていた人たちも仕事を失ってしまいます。

実際にコンサルティング会社のマッキンゼーが2003年に発表した調査[3]では、米国において、輸入品との低価格競争（市場のグローバル化）や工場の海外移転（生産のグローバル化）が原因で仕事を失った人々の31%は、そのまま失業した状態になっていると指摘されています。また、無事に新しい仕事に就けた人々でも、そのうち55%の人々は、以前の仕事の85%以下の賃金しか受け取れておらず、25%の人が30%以上の賃金カットを経験しています。このように、市場や生産のグローバル化によって、特に先進国のブルーカラー（工場労働者層の人たち）の仕事が奪われるということが実際に起きており、やはりそれらの人々はグローバル化に反対するということになります。

そして、そのようにグローバル化によって仕事を失ってしまう可能性のある人々に対して、それらの人々の仕事を守るということを約束し、それによって支持を得て当選したのが米国のドナルド・トランプ元大統領でした。トランプ元大統領は「アメリカ・ファースト」をスローガンに掲げ、外国から輸入される製品には高い関税をかける、外国からの移民を制限する、国内に工場を持たずに外国で生産活動をしている企業を公に批判する、国内で工場を作って生産活動を始める企業を優遇するといった、まさに「自由貿易」とは反対の「保護主義」的な政策を推し進めました。たとえば、Apple社については、生産のグローバル化をフル活用し、海外の安くて品質の良い部品を使い、中国等の労働コストの安い国において製品のほとんどを製造していることから、米国内の雇用にはまったく貢献していないとトランプ元大統領に名指しで批判されました。

では、Apple社はそれに対してどのように反論したでしょうか？

Apple社は、米国内での雇用に貢献していないという批判に対して、同社のホームページ[4]で「Appleは米国における最大の雇用創出企業の1つであり、200万人以上の雇用を創出してきた！」と明確に反論しています。多くの生産活動をグローバル化し、米国内で工場を持たず、製品を製造していないのに、雇用を創出しているとはどういうことでしょうか？　同社が直接雇用している社員は米国内で約8万人です。これでは200万人にはまったく届きません。では、同社はどこで雇用を創出しているというのでしょうか？

同社のホームページには、その200万人の内訳が示されています。直接雇用している社員の8万人に加えて、同社は取引している米国内のサプライヤーにおいて45万人、さらにiPhone等の端末で使用されるさまざまなアプリケーションを取引できる「App Store」

の仕組みによって、設計や開発といった仕事を得ている人が153万人いると主張しているのです。これはつまり、Apple社が新しいイノベーションを起こし、新しいビジネスモデルを確立し、新しい産業を創出したことによって、それまでになかった新しい仕事、より高い価値を生み出す可能性のある仕事を創り出したということです。

前述のように、グローバル化に反対する人たちは、グローバル化は産業の空洞化等を通じて、とりわけ先進国の経済や雇用にダメージを与えるものだと主張します。しかし一方で、グローバル化に賛成する人たちは、グローバル化によって短期的には失業が増える可能性はあるものの、長期的に見れば下記のような流れで、それは雇用にも良い影響を与えるものだと主張します。

1. 市場と生産のグローバル化を活用することで生産性と収益性が向上する
2. 労働集約的な活動や付加価値の低い活動を新興国等の他の国に任せることができる
3. 限られた資源や獲得した利益をより付加価値の高い活動やビジネスに投入できる
4. 新たなイノベーションが起こり新しい産業が誕生する
5. 新しいより質の高い雇用が創出される

Apple社のように、市場および生産のグローバル化を積極的に活用することで、インプットのコストを減らし、アウトプットを増やすことができるようになり、企業の生産性と収益性が向上します。また先進国の企業は、労働集約的な活動や自分たちがやる必要のない活動を、わざわざ人件費の高い国内で行うのではなく、それらの活動を新興国等の他の国に任せることで、自分たちはより付加価値の高い活動やビジネスに集中して取り組むことができるようになります。そしてその結果、新たなイノベーションが起き、新たな産業が誕生すれば、Apple社が主張するように、これまでになかった新しい仕事を生み出すことができるということです。

さて、ここまでグローバル化について、基本的な考え方、そしてその良い面と悪い面を説明してきましたが、改めて考えてみてください。

みなさんは市場や生産のグローバル化が進むことに、賛成ですか？　反対ですか？

グローバル化が良いことなのか、悪いことなのか、それほど単純な問題でないことは理解してもらえたと思いますので、簡単には答えが出ないかもしれません。たしかにグローバル化が長期的には良い影響を及ぼすという主張も、納得できるような気はします。しかし、それによって創出される新たな仕事に、グローバル化によって仕事を失った人たちが就けるかどうか、疑問も残ります。そのような人々が新たな仕事に就けるようにするための教育も必要でしょうし、一時的に仕事を失ってしまうことに対する支援も必要でしょう。

また、ここでは経済やビジネス、企業、雇用といった視点からグローバル化について考えてきましたが、それ以外にも考えるべき視点は数多くあるでしょう。ぜひ、なんとなく理解していたグローバル化について、さまざまな視点、さまざまな立場から、一度じっくり考えて、自身の意見や考えを整理してみてください。そしてぜひ、みなさん自身にとってグローバル化を「脅威」ではなく「機会」とするために、これから何ができるのか、具体的に考えてみてください。

図9-1　SONYにおけるエレクトロニクス製品の地域別売上高および生産高（2018年度）

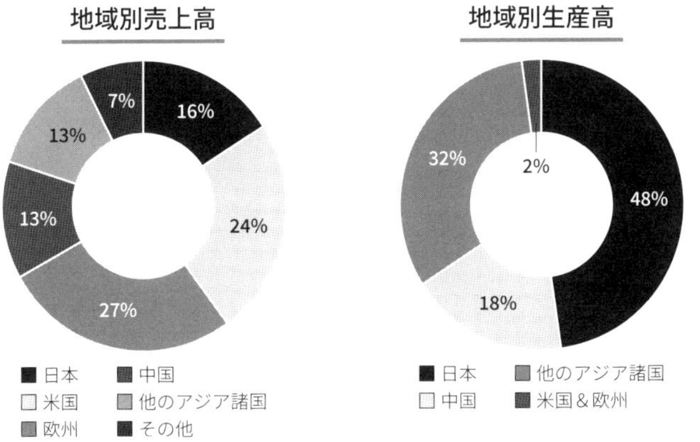

出典：ソニー株式会社有価証券報告書を基に筆者作成

9-3　市場と生産のグローバル化（SONYのケース）

さて、グローバル化の2つの側面として、市場と生産のグローバル化についてはすでに説明しました。また、この市場と生産のグローバル化をうまく活用することで、企業はより多くの利益を得られる可能性があるということもお話ししました。では、実際の企業において、それらはどのように活用されているのでしょうか。

図9-1には、「SONY」のエレクトロニクス製品の地域別売上高と地域別生産高が示されています。地域別売上高の内訳は、日本が16%、米国が24%、ヨーロッパが27%、中国が13%、その他のアジア諸国で13%、その他の地域で7%となっており、国境関係なく世界中の人々に製品を販売していることが分かると思います。一方で、地域別生産高は売上高ほど分散していませんが、それでも日本が48%、中国が18%、その他のアジア諸国が32%、米国およびヨーロッパが2%となっています。そして図9-1には示されていませんが、日本で生産された製品の89%が他の地域へ輸出され、中

国で生産された製品の57%、他のアジア諸国で生産された製品の72%も、他の地域へ輸出されて、先の地域別売上高にあるようにさまざまな国や地域で販売されています。

このように、SONYは国境関係なく、より良いものをより低コストで作ることのできる場所で生産し、それをより多く、もしくはより高い価格で売れる場所で販売しているのです。これはまさに市場のグローバル化と生産のグローバル化を活用することで、最適な場所で生産し、最適な場所で販売することで、より多くの利益を得ようとしている分かりやすい例ではないかと思います。

9-4 国・地域ごとの4つの違い

このように、企業は市場と生産のグローバル化をうまく活用することでより多くの利益を得られる可能性があります。また、それらをうまく活用しなければ、グローバル市場における激しい競争で生き残ることも難しいでしょう。しかし一方で、企業が国境を越えてビジネスを行うのはそれほど簡単ではありません。なぜなら、グローバル化が進み、ヒト、モノ、カネ、情報が国境を越えて自由に移動できるようになっても、依然として世界中の国や地域の間にはさまざまな「違い」が存在し、それがビジネスに大きな影響を与えるからです。

ハーバード大学のパンカジ・ゲマワット教授はその著書[5)]の中で、ビジネスを行ううえで企業が対応しなければならない国や地域ごとの違いとして、以下の4つを挙げています。

- 文化的違い：言語、民族、宗教、規範、価値観　etc.
- 制度的違い：法律、規制、通貨の違い、政治的対立、国際機関への加盟有無　etc.

- 地理的違い：物理的距離、気候、時差、国内の交通・通信インフラ　etc.
- 経済的違い：所得水準、経済格差、各種資源のコストおよび質　etc.

まず、グローバル化が進み、各国の経済がより統合され相互に依存した状態になっていったとしても、個々の国や地域に固有の「文化」が急激に変化することはありません。そして文化が異なれば、生活習慣や考え方も当然異なり、したがってその国や地域で生活している顧客の好みやニーズも大きく異なってくるはずです。また、ある国では喜んで受け入れられるものが、別の国では宗教上の関係で絶対に受け入れられないということもあります。とりわけ衣食住に関連するビジネスについてはこの文化の影響を直接受ける可能性が高く、海外でそのようなビジネスを展開しようと考える企業にとって、文化的な違いは必ず考慮しなければならないものでしょう。

また、国や地域間における「制度」的な違いも、ビジネスに大きな影響を与えます。制度とは、法律や政策、規制といった、主としてその国の政府に関連するものです。法律や規制が異なるということは、その国でビジネスを進める際の基本的なルールが異なるということですから、ビジネスのやり方を根本的に変えなければならない可能性もあります。また、個々の国の政府は自国の産業を保護するために意図的に外国企業によるビジネスを制限することもありますし、国家間での政治的な対立が企業の活動に影響を及ぼすこともあるでしょう。

さらに、物理的な距離や時差、気候の違いといった「地理」的な要因も、海外における企業のビジネスに影響を与えます。国と国の間の物理的な距離が離れれば離れるほど、当然ながら輸送にかかるコストは高くなりますし、国によって交通網や情報網が整備されている程度は異なりますから、輸送やコミュニケーションの方法も国ごとに変えなければならなくなるかもしれません。また、気候が異なれば必要とされる製品やサービスも異なるでしょうし、交通網の整備の度合いは買い物の頻度や一度に購入する商品の量といった、顧客の購買行動にも影響するでしょう。

そして最後に、「経済」的な違いも海外でビジネスを展開しようとする企業にとっては、必ず考慮しなければならないものです。所得水準の違いは顧客のニーズや購買行動に大きく影響しますから、それに合わせた製品やサービスを提供する必要があります。また、その国が保有しているさまざまな資源はビジネスにとって重要なインプットとなりますが、そのコストや質はさまざまに異なります。たとえばある国においては良質な天然資源を低コストで入手することが可能である一方で、教育を受けた良質な人的資源を確保するのが難しいということもあるでしょう。またある国においては高度に教育・訓練された人材を人的資源として確保できる一方で、天然資源やエネルギー、土地といった資源を利用するためのコストが高いかもしれません。このような違いは、その国におけるビジネスのやり方に大きな影響を与えるでしょう。

9-5 2つのプレッシャー

上記のように、企業は市場と生産のグローバル化を活用しながらグローバル市場における競争で生き残り、より多くの利益を獲得しようとする一方で、個々の国や地域に依然として存在するさまざまな違いに対応していかなければなりません。すなわち、海外でビジネスを展開しようとする企業は、グローバル化を活用して世界中でビジネスを統合し、最適な場所で生産活動を行うことで少しでもコストを節約しながら競争しなければならないという「コスト削減のプレッシャー」と、個々の国や地域のさまざまな違いに対応していかなければならないという「現地適応のプレッシャー」という2つのプレッシャーに対応する必要があるのです。

- コスト削減のプレッシャー
- 現地適応のプレッシャー

コスト削減のプレッシャーに対応するために、企業はたとえば、グローバル市場で統一した製品を大量に生産し、生産拠点についてもより低コストで生産できる場所に集中させたり、広告も含めたマーケティングのやり方もできるだけ世界中で統一したりすることで、コストを節約しようとします。一方で、現地適応のプレッシャーに対応するために、企業は製品やサービスを個々の国や地域の文化や制度、地理的、経済的な状況に合わせた形で提供しなければならず、それには製品自体の機能やデザインだけでなく、マーケティングの方法も含まれます。そしてそのように個別の国や地域の違いに対応していくと、当然ながらさまざまな面で追加的なコストが必要になってきます。

これら2つのプレッシャーの強さは、産業やビジネスによって異なります。たとえば、衣食住などの人々の日々の生活に関連するビジネスにおいては、個々の国や地域の文化的、経済的、地理的な違いの影響を大きく受けるため、世界共通の製品やマーケティングでは顧客のニーズに応えることができず、現地適応のプレッシャーが強くなるでしょう。一方で、たとえばパソコンや電子部品、産業用の素材といった製品については、どの国や地域でも求められるものはそれほど変わらないため、現地化のプレッシャーは弱く、一方で世界中の企業が同様の製品で競争しようとしてくるため、コスト削減のプレッシャーは非常に強いと言えます。したがって企業は、自社のビジネスが直面するこれら2つのプレッシャーの強さに応じて、その戦略や組織をカスタマイズする必要があるのです。

では、とりわけコスト削減のプレッシャーが強い場合、どのような戦略や組織が有効となりうるでしょうか？

電子部品や産業用の素材、デジタル製品のように、どの国や地域でもほぼ同じものが求められる製品やサービスにおいて、グローバル市場における激しい競争の中を生き残らなければならない企業は、強いコスト削減のプレッシャーに直面します。第8章「8-2.競争戦略」でも少し説明しましたが、コストを下げるための最もシンプルかつ有効な方法は、標準的な製品をたくさん作って、それをたくさん売ることです。グローバル市場におけるビジネスでコスト削減の強いプレッシャーに直面した企業は、それに対応するために、製品やサービス、さらにはそれを販売するためのマーケティングをできるだけ世界中で統一し、標準的な製品を最適な場所で集中的に大量生産することで、少しでもコストを節約しなければなりません。

そして、そのような戦略を一貫して実行するためには、組織の中で権限を分散させるよりも、集中させた方がやりやすいと言えます。「第4章　組織のデザイン」で学んだ「集権化のメリット」を思い出してください。権限を組織の上層に集中させることで、組織全体の活動をコントロールし、意思決定や活動を調整し、機能や資産が重複する事による無駄を防ぐことが可能になります。したがって、たとえばすでに学んだ「事業部制組織」をベースとして、各事業をグローバルに展開していく権限と責任を本社の事業部に置き、そこが世界中のオペレーションをコントロールしながら最適な場所で生産活動を行うという「グローバル事業部制組織」のような形が、コスト削減のプレッシャーに対応するうえで有効とも考えられます。

では、とりわけ現地化のプレッシャーが強い場合、どのような戦略や組織が有効となりうるでしょうか？

衣食住などの人々の日々の生活、そしてその中で必要とされる製品やサービス、さらには購買行動の特徴は、民族や宗教に基づく価値観や、気候などの地理的環境、そして所得水準によって、国や地域ごとに大きく異なるでしょう。したがって、そのような生活に関連するビジネスを海外で展開しようとする企業は、当然ながらそれらの違いをしっかりと理解し、それに対応しなければなりません。個々の国や地域において、第8章「8-3. マーケティング戦略」で学んだとおり、ターゲットとする顧客を定め、その顧客のニーズや購買行動の特徴をしっかりと理解し、それに合わせた製品／サービス、価格、プロモーション、流通方法を考えて、実行しなければならないのです。

そしてそのような現地の状況に合わせた戦略を実行するためには、本国本社に権限を集中してコントロールするのではなく、それぞれの国や地域の子会社に権限を移譲し、その子会社が責任を持って現地でのオペレーションを遂行する方が望ましいと考えられます。「第4章　組織のデザイン」で学んだ「分権化のメリット」を思い出してください。意思決定の権限を現場に近いところに委譲することによって、現場の状況に合わせて素早く柔軟な意思決定が可能となり、現場のことをよく分かっている人が権限を持つことで、より正しい意思決定をすることも可能になるでしょう。

図9-2は、化粧品メーカーの「資生堂」の組織構造です。グローバル本社の下、各国や地域ごとに地域本社があり、それぞれの地域本社には各国もしくは地域において自律的にビジネスを行うための活動（機能）が備わっています。そして、それらの活動を現地で行うためのオペレーションや意思決定の権限および責任が与えられています。化粧品という製品は「美」や「健康」に関するものであり、

図9-2 資生堂の組織構造

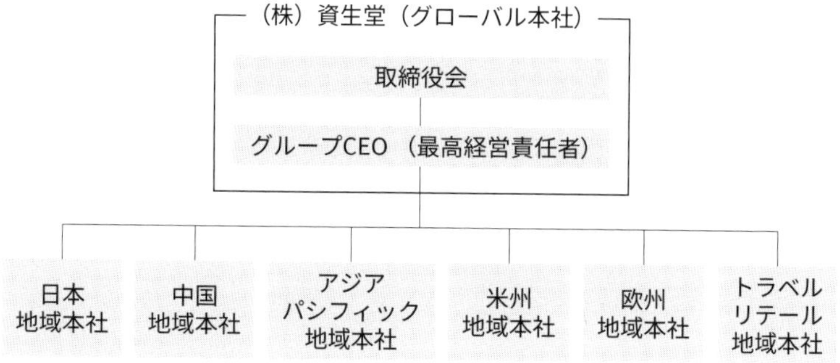

出典：株式会社資生堂ホームページ（https://corp.shiseido.com/jp/company/structure/）を参考に筆者作成（2021年6月13日）

それに対する考え方や価値観は各国や地域の文化によって大きく異なると考えられます。また、肌の色や質、さらには気温や湿度等の環境条件も、国や地域によって異なるため、必要とされる化粧品、求められる化粧品も異なるはずです。資生堂の組織構造は、各地域におけるオペレーションの権限が各地域本社に移譲されているため、製品やマーケティングも含めて、戦略をそれぞれのエリアの特性に合わせて自律的にカスタマイズでき、現地化のプレッシャーに対応しやすいものになっていると言えるでしょう。

では、コスト削減のプレッシャーも現地化のプレッシャーも、どちらも強い場合、企業はどのように対応すれば良いでしょうか？

企業が2つのプレッシャーの両方に同時に対応するのは、非常に困難です。なぜなら、コスト削減のプレッシャーに対応するために、製品やサービス、マーケティングを標準化して統一すると、国や地域ごとの違いに対応できなくなりますし、国や地域ごとの違いに対応して製品やサービス、マーケティングを個別にカスタマイズしようとすると、どうしても追加的なコストがかかってしまうからです。それでも、たとえば自動車メーカーはさまざまな国の企業と激しく競争しながら限界までコストを削減しなければならず、同時に、各国や地域で異なるさまざまな規制、交通インフラ、所得水準、顧客の好みや要求に対応しなければなりません。

近年、主要な自動車メーカーは、それら矛盾する2つのプレッシャーに同時に対応し、低コストで多様な車種を提供するために、自動車の新たな開発方法を模索しています。たとえば「日産自動車」は、個々の新車開発においてさまざまな個性を出しながら、車両構造、コンポーネント、部品の大規模共用によって量産効果を追求するという、相反する要素を同時に実現するために、「日産CMF」という新しい車両設計技術を導入しました[6]。この車両設計技術では、車両構成をエンジン周辺の部品を集めた「エンジンコンパートメント」、運転席を中心とする「コックピット」、車両の前部分である「フロントアンダーボディ」、車両の後ろ部分である「リヤアンダーボディ」という4つの大きなモジュール（関連する複数の部品をまとめたもの）に分け、それぞれのモジュールにいくつかのバリエーション（種類）を用意しておきます。そして、それらのモジュールをさまざまに組み合わせることで車両を設計していきます。多様な車両をイチから設計して1つ1つ部品を作っていては、時間も手間もかかってコストが高くなってしまいます。日産CMFでは、事前に標準化したモジュールをいくつか用意しておいて、その組み合わせによってバリエーションを出していくのです。それによって、さまざまな要求に応えることのできる多様な自動車を、低コストで開発・設計することが可能になります。

このように、コスト削減と現地化の両方のプレッシャーに対応するための戦略は決して簡単ではありませんが、それに対応するための組織を構築することも同様に、簡単ではありません。コスト削減のプレッシャーに対応して世界中のオペレーションを無駄なく重複なく効率的にコントロールするための集権化と、現地化のプレッシャーに対応するための各国や地域への分権化を同時に実現できれば理想ですが、それを実現するのは非常に困難です。

たとえば、2つのプレッシャーに同時に対応するための組織として、「第4章　組織のデザイン」で学んだ「マトリクス組織」のように、上で挙げた「グローバル事業部制組織」と資生堂のような「地域本社」を組み合わせた組織も理論的には可能でしょう。しかし、このように2つの組織デザインを組み合わせたマトリクス構造は、上司が二人存在するため「命令一元化の原則」が守られず、メンバーが混乱し、調整に手間と時間がかかってしまうため、運営するのが非常に難しいということはすでに学んでもらいました。したがって、どちらかの構造をメイン、どちらかの構造をサポートとして、明確な優先順位を付けたうえで、緩いマトリクスの形で運営するのが現実的ではないでしょうか。

たとえば、紙おむつや洗剤、スキンケア用品といったさまざまな日用品を製造販売しているグローバル企業の「Procter & Gamble（P&G）社」は、その組織を「ベビーケア」、「フェミニンケア」、「ホームケア」、「ヘアケア」、「オーラルケア」といった10の製品カテゴリー別の「グローバルビジネスユニット（GBU）」に分け、それぞれのGBUにグローバル市場における製品開発からマーケティングまでのビジネス全体に関する意思決定権限を与えています。これはまさにグローバル事業部制組織に近い形であり、GBUに各事業の権限を集中させることによって、世界中で活動を統合し、規模を生かしたコスト削減を実施しています。しかし、P&G社が製造販売しているのは文化的な違いの影響を受けやすい日用品であり、したがってコスト削減だけでなく、個々の国における細かな違いに対応することも同時に必要となります。そのためにP&G社には、6つの地域（アジア太平洋、欧州、中国、インド・中東・アフリカ、ラテンアメリカ、北米）ごとの現地レベルでの具体的なマーケティング活動（販売、流通、在庫管理、価格設定等）について、GBUを横断的にサポートする「セリング・マーケット・オペレーション（SMO）」という組織が設置されており、それによって各国や地域の現地におけるさまざまな違いに対応しているのです。

9-6 第9章のまとめ

本章では、「グローバル化とは何か」ということについて、みなさんに改めて考えてもらったうえで、市場のグローバル化および生産のグローバル化が実際の企業においてどのように活用されているのか、その一方で企業が対応しなければならない国や地域ごとの違いにはどのようなものがあるのか、そしてそれらをふまえて、企業が海外におけるビジネスで直面する2つのプレッシャーと、それらのプレッシャーに対応するための戦略や組織について説明しました。経営学の中でも「国際経営／国際ビジネス」という分野では、これまで蓄積されてきた経営学のさまざまな知見をベースにしながら、企業がグローバル化を機会としてどのように生かし、その中で生き残り、より多くの利益を得ていくのかといったことが議論されています。ここで紹介したのはその基本的な考え方にすぎず、他にもさまざまな面白いトピックがありますので、興味を持ってもらえたら、ぜひもっと深く学んでみてください。

注

1） Charles W. L. Hill "*International Business: Competing in the Global Marketplace*", McGraw-Hill Education. 13th Edition.
2） Appleホームページ：https://www.apple.com/supplier-responsibility/（2021年5月10日アクセス）

3）　McKinsey Global Institute (2003) “Offshoring: Is it a win-win game?” .

4）　Appleホームページ：http://www.apple.com/about/job-creation/（2021年5月10日アクセス）

5）　パンカジ・ゲマワット 著（望月衛 訳）（2009）『コークの味は国ごとに違うべきか』文藝春秋。

6）　日産自動車ニュースリリース（2012年2月27日）

演　習

1

興味のある企業を1つ選択し、その企業の製品やサービスが、世界中のどの地域で売られているのか、またその製品やサービスに必要なインプットを世界中のどこから調達しているのか、当該企業のホームページを含むさまざまな情報源から調べてみてください。

2

グローバル化とは何かについて復習したうえで、それが自分自身にとって機会なのか脅威なのか、それを機会にするためにどうすれば良いか、具体的に考えてみてください。

3

特定の産業を選び、その産業において企業が海外でビジネスを展開しようとする場合、どのような国／地域ごとの違いに対応しなければならないか、4つの違いの側面を参考にしながら整理してください。

4

上記1で選んだ産業における代表的な企業が、どのような戦略および組織によって、コスト削減のプレッシャーや現地化のプレッシャーに対応しようとしているのか、各社のホームページも含めたさまざまな情報源を使って分析してみてください。

おわりに

以前、私は社会人向けの大学院で教員をしていたのですが、担当していた講義や演習を受講してくれていた方がコースを修了して卒業される時に、最後の懇親会の席で２年間の感想を話してくれたことがありました。その中で、

「ここで経営学を学んだことで、頭の中がデフラグされたような気がします。」

と言ってくれたのが、もう何年も前のことですが、嬉しくて、今でもずっと心に残っています。

ちなみに、デフラグというのは、パソコンでデータを保存しているハードディスクの中で、さまざまなファイルのデータがバラバラに「断片化」されて、いろんなところに散らかってしまっている状態を整理することです。断片化を解消することで、ハードディスクの中でファイルを置く場所が整理され、必要なファイルを見つけやすくなり、より早く効率的にデータを読み込んだり、新しいデータを書き込んだりすることができるようになります。

その方は、大学を卒業して専門商社に入社し、営業や新規事業の開発等を担当しながらバリバリ働いてこられた方で、ビジネスに関してさまざまな経験を積み、その中でさまざまな知識やノウハウをすでに持っている状態で大学院に入学されました。そんなに実務経験のある人が経営学を改めて学ぶ必要があるのか？と疑問に思われるかもしれませんが、その方によると、それらの実務経験に基づいた経験や知識はバラバラに断片化してしまっていて、自分でもうまく整理できていなかったため、有効に活用できていなかったそうで

す。

それが、経営学を基本的なところからしっかりと体系的に学んだことによって、すでに持っていた知識が何の知識だったのか、どの知識とどの知識がどう結びついていたのか、それが何にどう役に立つのかといったことが整理され、実際の仕事においてすぐに引き出して活用することができ、また新たな経験によって知識を獲得した時に、その知識を頭の中のどこに置けばいいのかが分かるようになった、と言ってくれたのです。まさに「デフラグされた」という表現がピッタリで、私自身もハッとさせられたのを覚えています。

経営学で学ぶ理論や考え方は、実務ですぐに役に立つスキルとはちょっと違って、普段の仕事でそのまま使えるようなものばかりではありません。以前、何かのテレビ番組で、有名な経営者の方が「経営学部を出てきたくせに名刺の渡し方も知らない」といったことを話されていましたが、たしかに経営学部では名刺の渡し方やビジネスメールの書き方、効果的な営業トークといった、ビジネススキルのようなものは教えませんし、それは経営学ではありません。したがって、実務家の方々からは、こんなもの役に立たないと思われることも少なくないでしょう。

しかし、経営学の理論や考え方というのは、すぐに役に立つビジネススキルというよりも、むしろ、さまざまな知識を整理するための引き出し、新たな情報に触れた時にそれを分析するための視点、もしくは価値のある情報を感知して受信するためのアンテナのようなものではないでしょうか。たとえば新聞を読んで同じ情報に触れた時に、それをなんとなく読み飛ばしてしまう人もいれば、その情報にどんな意味があり、どんな価値があり、それが何にどう影響しそうなのかといったことを考えられる人もいます。ビジネスの現場において何かの情報に触れたり、何かの問題に直面したりした時に、なんとなく場当たり的に対処する人もいれば、それがそもそも何の問題で、何にどんな影響がありそうで、それにどう対処すべきなのかということを、しっかり分析して考えようとする人もいるでしょう。経営学は、後者のような人にとって役に立つツールであればいいと、私自身は考えています。

本書は、そんな経営学をこれから学んでみようと思ってくれた人のために書いたものです。したがって、経営学における個々の専門分野の詳しい話は抜きにして、まずは、みなさんの中に分かりやすい見出しの付いた「引き出し」を作ることを心がけて書いてみましたが、いかがでしたでしょうか。本書を読んでもらったうえで、みなさんの中に１つでも２つでも、お気に入りの引き出しができていてくれたら、私としてはすごく幸せです。ぜひ、これから引き続き経営学を学びながら、そのお気に入りの引き出しの中に、自分自身でさまざまな知識や経験を入れていくのを楽しんでみてください。

経営学をもう少し詳しく学んでみたいと思ってくれた人への推薦図書

加護野忠男・吉村典久『１からの経営学（第２版）』碩学舎（2012年）

▶本書を読んで経営学に興味を持ってくれた人の次の一歩として、本書で学んだ内容を確認・復習しながらぜひ読んでほしい本です。経営学、企業、組織、戦略といった本書でも解説した内容に加えて、キャリアデザインやファミリービジネス、病院組織の経営といった個別のトピックについても、具体的な事例を挙げながら分かりやすく解説してくれています。

榊原清則『経営学入門〈上〉（第２版）』日本経済新聞出版社（2013年）

▶経営学について、関連する理論をこれからしっかりと本格的に学びたいという人にオススメの本です。新書で手に取りやすいサイズですが、内容は非常に濃く、組織論や戦略論に関連する基本的な理論を分かりやすく体系的に整理しながら説明してくれています。

桑田耕太郎・田尾雅夫『組織論（補訂版）』有斐閣（2010年）

▶組織論について、さらに詳しく体系的に学んでみたいという人に読んでほしい本です。組織論の基本的な理論や考え方を整理して解説してくれているため、辞書的に使うこともできますし、環境と組織の関わりや組織の発展や変化といった応用的な内容についても、分かりやすく書かれています。

網倉久永・新宅純二郎『経営戦略入門』日本経済新聞出版社（2011年）

▶本書で経営戦略に興味を持ち、より詳しく深く学んでみたいと思ってもらえたら、ぜひ手にとってみてほしい本。競争戦略や全社戦略について、日本企業の事例を数多く使いながら丁寧に分かりやすく解説してくれています。

沼上幹『わかりやすいマーケティング戦略（新版）』有斐閣（2008年）

▶セグメンテーションやマーケティング・ミックスといったマーケティング戦略の基本的なトピックについて、身近な事例を紹介しながら本当に分かりやすく解説してくれています。また業界の構造分析や全社戦略についても解説があり、経営戦略の基本的な考え方についても一緒に確認しながら学ぶことができます。

浅川和宏『グローバル経営入門』日本経済新聞社（2003年）

▶グローバル・ビジネスや国際経営について、じっくりしっかり学んでみたいという方にオススメの本です。同分野におけるこれまでの国内外の研究成果を体系的に紹介しながら、国際経営に関連するさまざまなトピックを網羅し、それぞれについて重要なポイントを分かりやすく解説してくれています。

索引

数学

L

P

X

ア行

カ行

サ行

タ行

ナ行

ハ行

マ行

ヤ行

ラ行

著者略歴

稲村雄大（いなむら・かつひろ）

青山学院大学経営学部准教授

早稲田大学大学院商学研究科博士課程、（独）産業技術総合研究所ベンチャー開発戦略研究センター研究員、東海大学政治経済学部専任講師、芝浦工業大学大学院工学マネジメント研究科准教授を経て、2017年より現職。博士（商学：早稲田大学）。専門は国際ビジネス。

もっと学びたくなる経営学

2021年10月1日 初版第1刷発行

著　者　稲村雄大

発行者　千倉成示
発行所　株式会社 千倉書房
〒104-0031 東京都中央区京橋2-4-12
電話 03-3273-3931（代表）
https://www.chikura.co.jp/

印刷・製本　精文堂印刷株式会社
装丁造本　米谷 豪

ISBN 978-4-8051-1237-3 C3034